너랑 나랑

한국어 1-B

nosvos

교재 사용법

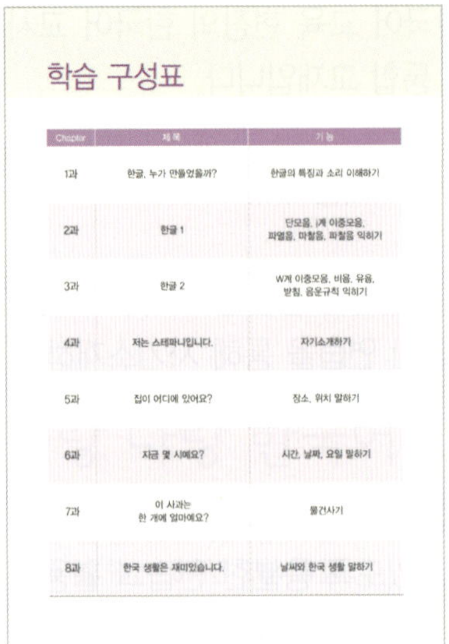
학습 구성표

Chapter	제목	기능
1과	한글, 누가 만들었을까?	한글의 특징과 소리 이해하기
2과	한글 1	단모음, ㅣ계 이중모음, 파열음, 마찰음, 파찰음 익히기
3과	한글 2	W계 이중모음, 비음, 유음, 받침, 음운규칙 익히기
4과	저는 스테파니입니다.	자기소개하기
5과	집이 어디에 있어요?	장소, 위치 말하기
6과	지금 몇 시예요?	시간, 날짜, 요일 말하기
7과	이 사과는 한 개에 얼마예요?	물건사기
8과	한국 생활은 재미있습니다.	날씨와 한국 생활 말하기

1. 학습 구성표

각 과의 기능과 문법, 어휘와 표현을 하나의 표로 제공하여 학습자들이 이 책에서 배우는 내용을 한 눈에 파악할 수 있도록 배려했습니다.

2. 들어가기

각 과의 학습목표와 어휘, 문법 항목들을 제시하였습니다. 그리고 각 과의 중요한 표현을 대화로 제시하여 어떤 상황에서 사용하는지 실제 사례를 보여 학습 동기를 높였습니다.

3. 어휘와 표현

각 과에 나오는 어휘를 명사, 동사, 형용사, 표현으로 분류하고 이를 다시 의미별로 분류하여 제시하였습니다. 이는 학습자들이 각각의 어휘가 속한 품사와 의미 그룹을 이해할 수 있도록 하기 위한 것입니다.

너랑 나랑

한국어 1-B

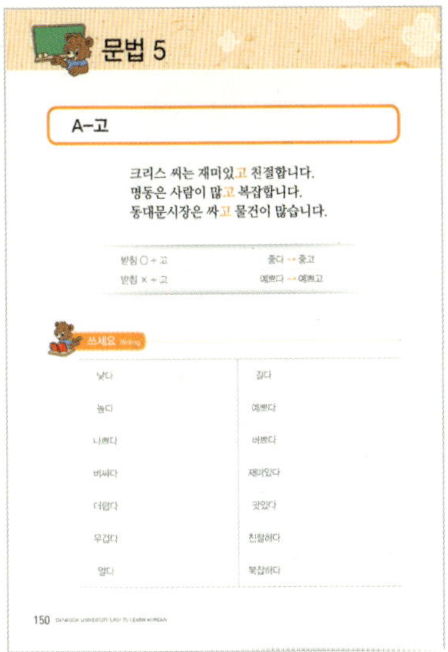
문법 5

A-고

크리스 씨는 재미있고 친절합니다.
명동은 사람이 많고 복잡합니다.
동대문시장은 싸고 물건이 많습니다.

4. 문법

각 과에서 배워야 할 문법을 예문을 통해 의미를 제시하고 형태 연습과 회화 연습을 함께 제시하였습니다. 이는 한국어의 문법 항목들이 가지는 의미와 형태의 변화를 연습하게 하고 적절히 사용할 수 있도록 충분한 연습과 활용을 제공하기 위한 것입니다.

말하기 ❷

리 에 : 크리스 씨, 오늘은 날씨가 어떻습니까?
크리스 : 오늘은 날씨가 따뜻합니다.
리 에 : 한국 음식이 어떻습니까?
크리스 : 한국 음식은 맛있지만 맵습니다.
리 에 : 한국 친구가 어떻습니까?
크리스 : 한국 친구는 재미있고 친절합니다.
리 에 : 한국 생활이 어떻습니까?
크리스 : 한국 생활은 즐겁습니다.

5. 말하기

각 과에서 학습한 어휘와 문법 항목들을 활용하여 의사소통 과제를 해결하는 다양한 활동을 제공하였습니다. 이를 통해 학습자들은 좀 더 생생한 한국어 말하기 능력을 키울 수 있을 것입니다.

듣기 Listening

6. 듣기 / 읽기 / 쓰기

듣기와 읽기는 각 과에서 배운 내용을 머릿속에 정리하고 확인하는 역할을 합니다. 쓰기는 말하기, 듣기, 읽기 등의 활동을 통해 습득된 내용을 바탕으로 학습자 자신의 이야기를 문장으로 표현하는 연습을 할 수 있습니다. 듣기 자료는 단국대학교 출판부 홈페이지(http://cms.dankook.ac.kr/web/dkup) "커뮤니티→MP3자료실"에서 다운로드 가능합니다.

등장인물

스테파니

리에

애니

최지영

크리스

마리오

리우팅

토린

목 차

Study

학습 구성표

Chapter	제 목	기 능
9과	주말에 명동에 가요.	하루 일과 말하기
10과	방학을 하면 제주도에 갈 거예요.	지난 일 말하기 계획 말하기
11과	저는 빨간 사과를 좋아해요.	기호 표현하기 선택 표현하기
12과	냉면 두 그릇 주세요.	식당에서 음식 주문하기
13과	예쁜 여자 친구하고 결혼하고 싶어요.	희망 표현하기 추측 표현하기
14과	커피를 마시면서 책을 읽고 있어요.	진행 표현하기 명령과 금지 표현하기
15과	토린 씨, 운전할 수 있어요?	능력 표현하기 이유 말하기
16과	한국 생활에 익숙해졌어요.	비교 말하기 변화 말하기

너랑 나랑 한국어 1-B

이 책에서는 어떤 것을 배울까요? 각 과에서 배우는 내용을 하나의 표로 제공하여 한 눈에 파악할 수 있도록 하였습니다.

문 법	어휘와 표현
N에서 N을/를 V / N 살 / V-고 V / A/V-아/어요 / 안 A/V-아/어요 / A/V-지 않아요 / N에게, N에 / V-아/어서 V	가족 호칭, 일상 생활 동사
A/V-았/었어요 / 안 A/V-았/었어요 / A/V-지 않았어요 / A/V-(으)면 / V-(으)ㄹ 거예요	장소, 주말 활동 동사
A-(으)ㄴ N / ㅎ탈락 / N(이)나 N / A/V-거나 A/V	음식 이름, 색깔
V-(으)ㄹ까요? / V-(으)ㅂ시다 / N(으)로 / N 잔, N 그릇, N 인분 / N요 / 다 V	음식, 음료, 장소
V-고 싶다 / V-고 싶어하다 / A/V-(으)ㄹ까요? / N일까요? / A/V-(으)ㄹ 거예요 / N일 거예요	장소, 미래의 계획
V-(으)면서 / V-고 있다 / V-(으)세요 / V-지 마세요 / A/V-(으)니까 / N(이)니까	장소, 일상 생활 동사
V-(으)ㄹ 수 있다/없다 / 못 V / 'ㅡ'불규칙 / 'ㄹ'불규칙 / N(으)로 / A/V-아/어서 / N(이)라서	음식, 능력을 나타내는 동사
N 중에서 / N보다 / A/V-네요! / V-는 N / A-아/어지다	장소, 음식, 변화를 나타내는 형용사

일러두기*

STUDY에서는 한국어의 기초적인 어휘와 문법을 익히고 다양한 연습을 통해 하루 일과 말하기, 음식 주문하기 등의 의사소통 과제를 해결하는 능력을 기를 수 있도록 구성하였습니다.
문법에서 기호 N은 명사, A는 형용사, V는 동사를 가리킵니다.
찾아보기에 제시된 단어들은 각 과에 처음 제시된 쪽만 표시했습니다.

너랑 나랑 한국어 1-B

STUDY

memo*

| Chapter |

09

주말에 명동에 가요.

- **학습목표** : 하루 일과 말하기
- **어 휘** : 가족 호칭, 일상 생활 동사
- **문 법** : N에서 N을/를 V / N 살 / V-고 V / A/V-아/어요 / 안 A/V-아/어요 / A/V-지 않아요 / N에게, N에 / V-아/어서 V

애 니 : 이번 주말에 뭐 해요?

마리오 : 명동에 가요.

애 니 : 명동에서 뭐 해요?

마리오 : 친구를 만나서 쇼핑해요.

어휘와 표현

명사

장소

수영장

영화관

노래방

중학교

버스 정류장

슈퍼마켓

회사

운동장

가족

할아버지

할머니

아버지

어머니

오빠/형

언니/누나

남동생

여동생

부모님

기타

룸메이트

하루

약

우리

옷

케이크

잠

버스

화분

동사

취미

산책하다

수영하다

농구하다

게임하다

어휘와 표현

기타

팔다

사다

숙제하다

눕다

앉다

서다

세수하다

샤워하다

선물하다

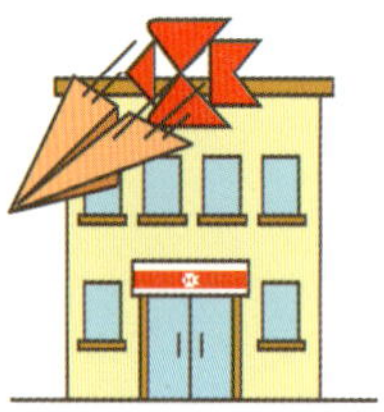
보내다

주다

받다

일하다

쉬다

출근하다

퇴근하다

가르치다

기다리다

만나다

헤어지다

Chapter 09

시작하다

끝나다

전화하다

돌아오다

이야기하다

표현

정말	함께	보통
일찍	여러분	늦잠을 자다
시험을 보다	낮잠을 자다	어때요?

문법 1

N에서 N을/를 V

학교에서 한국어를 공부합니다.
영화관에서 영화를 봅니다.
식당에서 비빔밥을 먹습니다.

받침 ○ + 에서	식당 ···› 식당에서
받침 × + 에서	학교 ···› 학교에서

쓰세요 Writing

수영장 / 수영하다	수영장에서 수영합니다
교실 / 바나나를 먹다	
집 / 요리하다	
도서관 / 책을 읽다	
버스 정류장 / 버스를 기다리다	
커피숍 / 커피를 마시다	
슈퍼마켓 / 빵을 사다	
약국 / 약을 사다	

공원 / 산책하다	
영화관 / 영화를 보다	

연습하세요 Exercise

보기 학교 / 한국어를 공부하다

가 : 오늘 무엇을 합니까?
나 : 학교에서 한국어를 공부합니다.

가 : ____________?
나 : ____________.

❶ 커피숍 / 친구를 만나다	
❷ 운동장 / 농구를 하다	
❸ 공원 / 산책하다	
❹ 회사 / 일하다	
❺ ?	

문법 2

N 살

토린 씨, 몇 살이에요?
저는 스물일곱 살이에요.
우리 아버지는 올해 쉰두 살이에요.

1	2	3	4	5	6	7	8
한 살	두 살	세 살	네 살	다섯 살	여섯 살	일곱 살	여덟 살
9	10	11	12	13	14	15	16
아홉 살	열 살	열한 살	열두 살	열세 살	열네 살	열다섯 살	열여섯 살
20	30	40	50	60	70	80	?
스무 살	서른 살	마흔 살	쉰 살	예순 살	일흔 살	여든 살	몇 살

쓰세요 _ 나이 Writing

3	세 살	33	
7		42	
18		54	
20		60	
21		75	

연습하세요 Exercise

보기

스테파니 / 21

가 : 스테파니 씨, 올해 몇 살이에요?
나 : 저는 올해 스물한 살이에요.

가 : ______________ ?
나 : ______________ .

❶ 리에 / 20	
❷ 마리오 / 41	
❸ 크리스 / 23	
❹ 리우팅 / 19	
❺ ?	

문법 3

V-고 V

책을 읽고 공부합니다.
주말에 그림을 그리고 커피를 마십니다.
오후에 영화를 보고 맥주를 마십니다.

받침 ○ + 고	밥을 먹다, 커피를 마시다 ⋯→ 밥을 먹고 커피를 마십니다
받침 × + 고	청소하다, 친구를 만나다 ⋯→ 청소하고 친구를 만납니다

쓰세요 Writing

공부하다 / 운동하다	공부하고 운동합니다
숙제하다 / 친구를 만나다	
책을 읽다 / 음악을 듣다	
쇼핑하다 / 밥을 먹다	
맥주를 마시다 / 노래방에 가다	
산책하다 / 음료수를 마시다	

연습하세요 Exercise

보기 청소하다 / 텔레비전을 보다

가 : 리에 씨, 주말에 무엇을 합니까?
나 : 주말에 청소하고 텔레비전을 봅니다.

가 : ______________?
나 : ______________.

❶ 운동하다 / 친구를 만나다	
❷ 게임을 하다 / 낮잠을 자다	
❸ 밥을 먹다 / 숙제하다	
❹ 영화를 보다 / 막걸리를 마시다	
❺ ?	

말하기 1 Speaking

가 : 스테파니 씨,
오늘 무엇을 합니까?

나 : 저는 오늘 영화를 봅니다.

가 : 주말에 무엇을 합니까?

나 : 친구와 커피를 마시고
쇼핑합니다.

이름	오늘	주말
스테파니	영화를 보다	커피를 마시고 쇼핑하다

문법 4

Chapter 09

A/V-아/어요

잠을 자요.
날씨가 좋아요.
밥을 먹어요.

ㅏ, ㅗ ○ + 아요	많다 ··· 많아요
ㅏ, ㅗ × + 어요	먹다 ··· 먹어요
하다 + 여요 ··· 해요	따뜻하다 ··· 따뜻해요
ㅣ + 어요 ··· ㅕ요	그리다 ··· 그려요
받침 ㄷ ··· ㄹ + 어요	듣다 ··· 들어요
받침 ㅂ ··· 우 + 어요 ··· 워요	덥다 ··· 더워요

안 A/V-아/어요

밥을 안 먹어요.
날씨가 안 좋아요.
청소 안 해요.

ㅏ, ㅗ ○ + 아요	작다 ··· 안 작아요
ㅏ, ㅗ × + 어요	읽다 ··· 안 읽어요
하다 + 여요 ··· 해요	공부하다 ··· 공부 안 해요 / 복잡하다 ··· 안 복잡해요
ㅣ + 어요 ··· ㅕ 요	흐리다 ··· 안 흐려요
받침 ㄷ ··· ㄹ + 어요	걷다 ··· 안 걸어요
받침 ㅂ ··· 우 + 어요 ··· 워요	춥다 ··· 안 추워요

문법 4

A/V-지 않아요

영화를 보지 않아요.
날씨가 춥지 않아요.
책을 읽지 않아요.

받침 ○ + 지 않아요	먹다 ··· 먹지 않아요
받침 × + 지 않아요	예쁘다 ··· 예쁘지 않아요

쓰세요 Writing

가다	가요	안 가요	가지 않아요
오다			
먹다			
읽다			
♥ 공부하다			
♥ 운동하다			
그리다			
가르치다			

듣다			
걷다			
줍다			
눕다			

작다			
많다			
길다			
비싸다			
친절하다			
시원하다			
흐리다			
느리다			
춥다			
쉽다			

문법 4

연습하세요 ❶ Exercise

보기 청소하다

가 : 리에 씨, 지금 뭐 해요?
나 : 저는 지금 청소해요.

가 : ____________________?
나 : ____________________.

❶ 등산하다	
❷ 쉬다	
❸ 버스를 기다리다	
❹ 책을 읽다	
❺ ?	

연습하세요 ❷ Exercise

보기	
날씨 / 춥다 가 : 날씨가 어때요? 나 : 추워요.	가 : ______________? 나 : ______________.

❶ 이 옷 / 비싸다	
❷ 떡볶이 / 맵다	
❸ 시험 / 어렵다	
❹ 한국 사람 / 친절하다	
❺ ?	

문법 4

연습하세요 ❸ Exercise

보기 주말, 친구를 만나다 ×, 텔레비전을 보다 ○ 가 : 크리스 씨, 주말에 친구를 만나요? 나 : 아니요, 친구를 안 만나요. 텔레비전을 봐요.	가 : ______________? 나 : ______________.
❶ 매일, 등산하다 ×, 농구하다 ○	
❷ 오후, 영화를 보다 ×, 책을 읽다 ○	
❸ 주말, 학교에 가다 ×, 명동에 가다 ○	
❹ 아침, 음악을 듣다 ×, 산책하다 ○	
❺ ?	

문법 5

N에게

친구에게 전화해요.
리에 씨에게 이야기해요.
형에게 바나나를 줘요.

받침 ○ + 에게	형 ···› 형에게
받침 × + 에게	친구 ···› 친구에게

N에

학교에 전화해요.
회사에 편지를 써요.
꽃에 물을 줘요.

받침 ○ + 에	꽃 ···› 꽃에
받침 × + 에	학교 ···› 학교에

쓰세요 Writing

언니		학교	
남동생		회사	
크리스		화분	
누나		나무	

문법 6

V-아/어서 V

7시에 일어나서 세수해요.
학교에 가서 공부해요.
친구를 만나서 영화를 봐요.
요리해서 친구와 먹어요.

ㅏ, ㅗ ○ + 아서	가다 ··· 가서
ㅏ, ㅗ × + 어서	만들다 ··· 만들어서
하다 + 여서 ··· 해서	요리하다 ··· 요리해서
ㅣ + 어서 ··· ㅕ서	그리다 ··· 그려서
ㄷ ··· ㄹ + 어서	듣다 ··· 들어서
ㅂ ··· 우 + 어서 ··· 워서	줍다 ··· 주워서

쓰세요 Writing

아침에 일어나다 / 커피를 마시다	아침에 일어나서 커피를 마셔요
7시에 일어나다 / 밥을 먹다	
수영장에 가다 / 수영하다	
백화점에 가다 / 쇼핑하다	

부모님에게 전화하다 / 이야기하다	
친구를 만나다 / 커피를 마시다	
케이크를 만들다 / 친구에게 선물하다	
선물을 사다 / 부모님에게 보내다	

연습하세요 Exercise

보기	
명동에 가다, 쇼핑하다 가 : 주말에 뭐 해요? 나 : 명동에 가서 쇼핑해요.	가 : ______________? 나 : ______________.

❶ 12시에 일어나다, 점심을 먹다	
❷ 음식을 만들다, 친구와 먹다	
❸ 영화관에 가다, 영화를 보다	
❹ 친구를 만나다, 이야기하다	
❺ ?	

말하기 ② Speaking

리　　에 : 스테파니 씨, 토요일 오전에 뭐 해요?

스테파니 : 11시쯤에 일어나서 샤워해요.

리　　에 : 토요일 오후에 뭐 해요?

스테파니 : 친구를 만나서 명동에 가요. 명동에 가서 쇼핑해요.

리　　에 : 토요일 밤에 뭐 해요?

스테파니 : 집에 돌아와서 요리해요.
요리해서 룸메이트와 같이 먹어요.

친구 이름	1) 스테파니	2)	3)
토요일 오전	11시쯤에 일어나다/ 샤워하다		
토요일 오후	친구를 만나다/ 명동에 가다/ 쇼핑하다		
토요일 밤	요리하다/ 룸메이트와 먹다		

본문

리　에 : 크리스 씨, 주말에 뭐 해요?

크리스 : 아침에 일어나서 운동해요.
운동하고 밥을 먹어요.
리에 씨는 주말에 뭐 해요?

리　에 : 저는 아침에 일어나서 공원에 가요.
공원에 가서 산책해요.

크리스 : 리에 씨는 토요일 오후에 보통 뭐 해요?

리　에 : 토요일 오후에 보통 친구를 만나서
커피를 마셔요. 그리고 집에서 쉬어요.

크리스 : 저는 컴퓨터 게임을 해요.

리　에 : 컴퓨터 게임이 재미있어요?

크리스 : 네, 정말 재미있어요!

말하기 ③ 본문과 같이 친구와 이야기해 보세요.

가 : ....

나 : ....

가 : ....

나 : ....

가 : ....

나 : ....

가 : ....

나 : ....

DVD LISTENING
Track 10

듣기 Listening

❶ 오빠는 학교에서 뭐 해요?

❷ 오빠는 저녁에 뭐 해요?

❸ 여러분의 하루를 이야기해 보세요.

읽기 Reading

우리 아버지는 50살이에요.
회사원이에요.
아침 일찍 일어나서 회사에 가요.
회사에 가서 일해요.
아버지의 회사는 우리 학교와 가까워요.
12시에 아버지를 만나서 같이 밥을 먹어요.
아버지는 6시에 퇴근해요.
저녁을 먹고 강아지와 함께 공원에 가요.
공원에 가서 산책해요.
집에 돌아와서 어머니와 이야기해요.

쓰기 Writing

여러분 가족의 하루를 써 보세요.

| Chapter |

10

방학을 하면 제주도에 갈 거예요.

- **학습목표 :** 지난 일 말하기, 계획 말하기
- **어　　휘 :** 장소, 주말 활동 동사
- **문　　법 :** A/V-았/었어요 / 안 A/V-았/었어요 / A/V-지 않았어요 / A/V-(으)면 / V-(으)ㄹ 거예요

토 린 : 리에 씨, 어제 뭐 했어요?

리 에 : 저는 어제 영화를 봤어요.

토 린 : 방학을 하면 뭐 할 거예요?

리 에 : 방학을 하면 제주도에 가서 말을 탈 거예요.

어휘와 표현

명사

장소

놀이공원

남산

인사동

N서울타워

고향

한라산

찜질방

바다

기타

말

눈싸움

데이트

소개팅

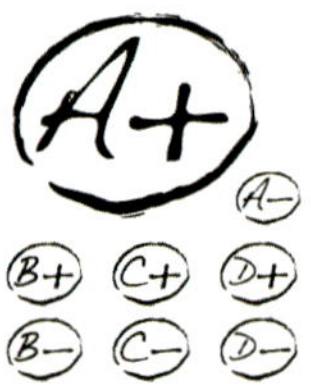

성적

삼겹살

생선회

불

조개

계획

기분

용돈

동사

배우다

여행하다

타다

내리다

세탁하다

켜다

늦다

형용사

편리하다

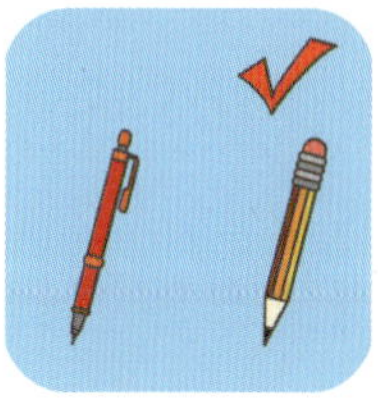
불편하다

피곤하다

나쁘다

표현

많이

사진을 찍다

번지점프를 하다

잠수함을 타다

배를 타다

해돋이를 보다

야경을 보다

춤을 추다

문법 1

A/V-았/었어요

아침에 밥을 먹었어요.
지난주에 바다에 갔어요.
어제 날씨가 좋았어요.

ㅏ, ㅗ ○ + 았어요	오다 ··· 왔어요
ㅏ, ㅗ × + 었어요	읽다 ··· 읽었어요
하다 + 였어요 ··· 했어요	청소하다 ··· 청소했어요
ㅣ + 었어요 ··· ㅕㅆ어요	가르치다 ··· 가르쳤어요
받침 ㄷ ··· ㄹ + 었어요	걷다 ··· 걸었어요
받침 ㅂ ··· 우 + 었어요 ··· 웠어요	줍다 ··· 주웠어요

안 A/V-았/었어요

친구를 안 만났어요.
비빔밥을 안 먹었어요.
시험이 안 어려웠어요.

ㅏ, ㅗ ○ + 았어요	많다 ··· 안 많았어요
ㅏ, ㅗ × + 었어요	먹다 ··· 안 먹었어요
하다 + 였어요 ··· 했어요	운동하다 ··· 운동 안 했어요 깨끗하다 ··· 안 깨끗했어요
ㅣ + 었어요 ··· ㅕㅆ어요	느리다 ··· 안 느렸어요
받침 ㄷ ··· ㄹ + 었어요	듣다 ··· 안들었어요
받침 ㅂ ··· 우 + 었어요 ··· 웠어요	어둡다 ··· 안 어두웠어요

A/V-지 않았어요

어제 명동에 가지 않았어요.
수업 시간에 늦지 않았어요.
불고기가 맵지 않았어요.

받침 ○ + 지 않았어요	먹다 ⋯› 먹지 않았어요
받침 × + 지 않았어요	가다 ⋯› 가지 않았어요

쓰세요 Writing

사다	샀어요	안 샀어요	사지 않았어요
만나다			
배우다			
춤을 추다			
책을 읽다			
♥ 산책하다			
가르치다			
그리다			

문법 1

듣다			
걷다			
눕다			
줍다			

비싸다			
맑다			
좋다			
싫다			
길다			
적다			
시원하다			
편리하다			
가깝다			
가볍다			
재미있다			
맛있다			

연습하세요 ❶ Exercise

보기	
요리하다 가 : 스테파니 씨, 어제 뭐 했어요? 나 : 저는 어제 요리했어요.	가 : .... ? 나 : ....

❶ 시험을 보다	
❷ 친구를 만나다	
❸ 잠수함을 타다	
❹ 조개를 줍다	
❺ ?	

연습하세요 ❷ Exercise

보기	
음식 / 맵다 가 : 스테파니 씨, 음식이 어땠어요? 나 : 매웠어요.	가 : .... ? 나 : ....

❶ 시험 / 쉽다	
❷ 날씨 / 맑다	
❸ 데이트 / 재미있다	

문법 1

❹ 여행 / 좋다	
❺ ?	

연습하세요 ❸ Exercise

보기	
어제, 요리하다 ×, 청소하다 ○ 가 : 스테파니 씨, 어제 요리했어요? 나 : 아니요, 어제 요리 안 했어요. 청소했어요.	가 : ______________________? 나 : ______________________.

❶ 오늘 아침에, 밥을 먹다 ×, 우유를 마시다 ○	
❷ 지난 주말에, 게임하다 ×, 영화를 보다 ○	
❸ 오늘 아침에, 해돋이를 보다 ×, 늦잠을 자다 ○	
❹ 어제, 소개팅을 하다 ×, 집에서 쉬다 ○	
❺ ?	

말하기 ❶ Speaking

가 : 스테파니 씨, 어제 뭐 했어요?
나 : 저는 어제 도서관에 갔어요.
가 : 지난 주말에 뭐 했어요?
나 : 청소하고 요리했어요.

이 름	어 제	지난 주말
스테파니	도서관에 가다	청소하다 / 요리하다

말하기 ❷ Speaking

가 : 스테파니 씨, 지난 주말에 친구를 만났어요?
나 : 네, 친구를 만났어요.
가 : 스테파니 씨, 지난 주말에 명동에 갔어요?
나 : 아니요, 명동에 가지 않았어요. 영화를 보고 쉬었어요.

	1) 스테파니	2)	3)
친구를 만나다	○		
명동에 가다	×		
산책하다			
요리하다			
영화를 보다	○		
그림을 그리다			
번지점프를 하다			
춤을 추다			

문법 2

A/V-(으)면

명동에 가면 사람이 많아요.
날씨가 좋으면 산책을 해요.
방학을 하면 고향에 가요.

받침 ○ + 으면	작다 ··· 작으면
받침 × + 면	가다 ··· 가면
받침 ㄷ ··· ㄹ + 으면	듣다 ··· 들으면
받침 ㄹ + 면	살다 ··· 살면
받침 ㅂ ··· 우 + 면	맵다 ··· 매우면

쓰세요 Writing

비가 오다 / 영화를 보다	비가 오면 영화를 봐요
집에 가다 / 쉬다	
친구를 만나다 / 농구를 하다	
친구가 한국에 오다 / 인사동에 가다	
음악을 듣다 / 기분이 좋다	
기숙사에 살다 / 재미있다	
돈을 줍다 / 기분이 좋다	

날씨가 좋다 / 등산을 가다	
기분이 나쁘다 / 쇼핑하다	
방이 어둡다 / 불을 켜다	
옷이 더럽다 / 세탁하다	

연습하세요 Exercise

보기	
방학을 하다 / 고향에 가다 가 : 방학을 하면 뭐 해요? 나 : 방학을 하면 고향에 가요.	가 : ______________________? 나 : ______________________.

❶ 친구를 만나다 / 이야기하다	
❷ 눈이 오다 / 눈싸움을 하다	
❸ 피곤하다 / 쉬다	
❹ 기분이 나쁘다 / 음악을 듣다	
❺ ?	

문법 3

V-(으)ㄹ 거예요

내일 도서관에서 공부할 거예요.
오늘 저녁에 그 식당에서 김치찌개를 먹을 거예요.
주말에 친구를 도울 거예요.

받침 ○ + 을 거예요	읽다 ··· 읽을 거예요
받침 × + ㄹ 거예요	자다 ··· 잘 거예요
받침 ㄷ ··· ㄹ + 을 거예요	걷다 ··· 걸을 거예요
받침 ㄹ ··· × + ㄹ 거예요	알다 ··· 알 거예요
받침 ㅂ ··· 우 + ㄹ 거예요	돕다 ··· 도울 거예요

쓰세요 Writing

먹다	먹을 거예요	걷다	
읽다		살다	
가다		만들다	
만나다		줍다	
듣다		돕다	

연습하세요 Exercise

보기	
내일, 도서관, 공부하다 가 : 내일 뭐 할 거예요? 나 : 저는 내일 도서관에서 공부할 거예요.	가 : ________________? 나 : ________________.

❶ 내일, 명동, 데이트하다	
❷ 오늘 오후, 인사동, 차를 마시다	
❸ 주말, 남산, 야경을 보다	
❹ 토요일, 집, 요리하다	
❺ ?	

말하기 ③ Speaking

크 리 스 : 용돈을 받으면 뭐 할 거예요?
스테파니 : 동대문 시장에 가서 쇼핑할 거예요. 쇼핑을 하면 기분이 좋아요.
크 리 스 : 수업이 끝나면 뭐 할 거예요?
스테파니 : 날씨가 좋으면 공원에서 산책할 거예요.

이 름	용돈을 받다	수업이 끝나다	
스테파니	동대문 시장에 가다 / 쇼핑하다	공원 / 산책하다	

본문

Chapter 10

리 우 팅 : 스테파니 씨, 어제 뭐 했어요?

스테파니 : 저는 어제 도서관에서 공부했어요.
리우팅 씨도 공부했어요?

리 우 팅 : 아니요. 저는 공부하지 않았어요.
친구와 농구를 했어요.
스테파니 씨, 이번 주말에 뭐 할 거예요?

스테파니 : 비가 안 오면 친구와 등산을 갈 거예요.

리 우 팅 : 비가 오면 뭐 할 거예요?

스테파니 : 비가 오면 리우팅 씨하고 영화를 볼 거예요.

리 우 팅 : 정말이에요? 저는 비가 오면 영화관 앞에서 기다릴 거예요. 하하하.

말하기 4 본문과 같이 친구와 이야기해 보세요.

가 :

나 :

가 :

나 :

가 :

나 :

가 :

나 :

DVD LISTENING

Track 11

듣기 Listening

❶ 잘 듣고 ○, ×로 쓰세요.

(1) 마리오 씨는 방학을 하면 고향에 갈 거예요. ( )

(2) 마리오 씨는 여행을 가서 삼겹살을 먹을 거예요. ( )

(3) 리에 씨는 방학을 하면 요리를 배울 거예요. ( )

❷ 여러분은 방학을 하면 뭐 할 거예요?

읽기 Reading

〈나의 방학 계획〉

여러분, 안녕하세요? 다음 주부터 방학이에요.
저는 방학을 하면 여행을 할 거예요.
다음 주 수요일에 일본 친구
하즈키 씨가 올 거예요.
하즈키 씨가 한국에 오면 같이
부산에 갈 거예요.
부산에 가서 생선회도 먹고
바다에서 수영도 할 거예요.
찜질방에도 가고 함께 사진도
많이 찍을 거예요.
여러분은 방학을 하면 뭐 할 거예요?

쓰기 Writing

여러분도 방학 계획을 쓰세요.

memo*

| Chapter |

11

저는 빨간 사과를 좋아해요.

■ **학습목표 :** 기호 표현하기, 선택 표현하기

■ **어　　휘 :** 음식 이름, 색깔

■ **문　　법 :** A-(으)ㄴ N / ㅎ탈락 / N(이)나 N / A/V-거나 A/V

크 리 스 : 스테파니 씨, 아침에 보통 뭐 먹어요?

스테파니 : 저는 빵이나 사과를 먹어요.

크 리 스 : 어떤 사과를 좋아해요?

스테파니 : 저는 빨간 사과를 좋아해요.

어휘와 표현

명사

음식

감자탕

순두부찌개

탕수육

피자

햄버거

샌드위치

샐러드

스테이크

기타

게임기

계절

인터넷

만화책

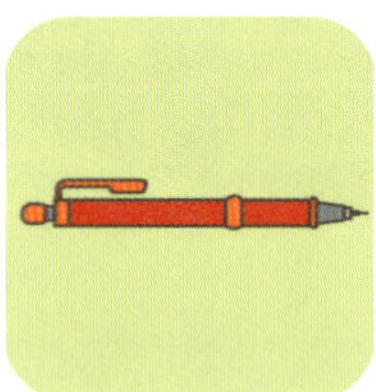
샤프

색

얼굴

여자

이메일

치마

화장품

Chapter
11

동사

사귀다

좋아하다

싫어하다

소개하다

형용사

색깔

까맣다

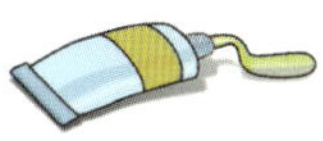

노랗다

빨갛다

파랗다

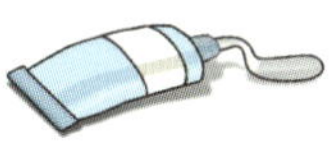

하얗다

기타

무섭다

착하다

조용하다

이렇다

그렇다

저렇다

슬프다

시끄럽다

어휘와 표현 / 문법 1

귀엽다

싱겁다

표현

문자메시지

혼자

A-(으)ㄴ N

예쁜 강아지를 봤어요.
많은 친구를 사귀었어요.
추운 날씨를 싫어해요.

받침 ○ + 은	많다 ··· 많은 사람
받침 × + ㄴ	예쁘다 ··· 예쁜 얼굴
받침 ㄹ ··· × + ㄴ	길다 ··· 긴 치마
받침 ㅂ ··· 우 + ㄴ ··· 운	춥다 ··· 추운 계절
– 있다 / – 없다 + 는	맛있다 ··· 맛있는 사과

쓰세요 Writing

작다 / 가방	작은 가방	무섭다 / 영화	
친절하다 / 사람		착하다 / 여자	
크다 / 교실		귀엽다 / 얼굴	
바쁘다 / 시간		재미있다 / 사람	
맛없다 / 음식		맛있다 / 김밥	

연습하세요 Exercise

보기 음식, 좋아하다 / 맛있다

가 : 어떤 음식을 좋아해요?
나 : 맛있는 음식을 좋아해요.

가 : ______________?
나 : ______________.

❶ 사람, 좋아하다 / 친절하다	
❷ 영화, 싫어하다 / 무섭다	
❸ 음악, 좋아하다 / 슬프다	
❹ 날씨, 싫어하다 / 춥다	
❺ ?	

문법 2

ㅎ 탈락

어떤 과일을 좋아해요?
빨간 사과를 좋아해요.
노란 우산을 샀어요.

ㅎ + (으)······ ···› ~~ㅎ~~ + (으)······

노랗다 + (으)ㄴ ···› 노란 모자

ㅎ + 아/어······ ···› ~~ㅎ~~ + ㅐ ······

노랗다 + 아/어요 ···› 노래요

	-고	-지만	-(으)면	-(으)ㄴ	-아/어요	-았/었어요
노랗다	노랗고	노랗지만	노라면	노란	노래요	노랬어요
빨갛다						
파랗다						
까맣다						
하얗다					하얘요	하얬어요
이렇다						
그렇다						
저렇다						

어떻다	×	×	×	어떤	어때요?	어땠어요?
좋다	좋고	좋지만	좋으면	좋은	좋아요	좋았어요

연습하세요 Exercise

보기 노랗다, 색깔

가 : 어떤 색깔을 좋아해요?
나 : 저는 노란 색깔을 좋아해요.

가 : ______________?
나 : ______________.

❶ 파랗다, 옷	
❷ 하얗다, 가방	
❸ 까맣다, 구두	
❹ 빨갛다, 치마	
❺ ?	

말하기 ❶ Speaking

크리스 : 리에 씨, 어떤 날씨를 좋아해요?
리　에 : 저는 맑은 날씨를 좋아해요.
크리스 : 어떤 날씨를 싫어해요?
리　에 : 저는 추운 날씨를 싫어해요.
크리스 : 어떤 색을 좋아해요?
리　에 : 저는 노란 색을 좋아해요.
크리스 : 어떤 색을 싫어해요?
리　에 : 저는 파란 색을 싫어해요.

		1) 리에	2)	3)
날씨	좋아하다	맑은 날씨		
	싫어하다	추운 날씨		
색깔	좋아하다	노란 색		
	싫어하다	파란 색		
사람	좋아하다			
	싫어하다			
음식	좋아하다			
	싫어하다			
영화	좋아하다			
	싫어하다			
음악	좋아하다			
	싫어하다			
?	좋아하다			
	싫어하다			

문법 3

Chapter 11

N(이)나 N

점심에 비빔밥이나 김치찌개를 먹어요.
아침에 커피나 우유를 마셔요.
주말에는 청소나 빨래를 해요.

받침 ○ + 이나	김밥, 순두부찌개 ⋯→ 김밥이나 순두부찌개
받침 × + 나	축구, 농구 ⋯→ 축구나 농구

쓰세요 Writing

책, 공책	책이나 공책	샤프, 볼펜	
1층, 2층		학교, 집	
자장면, 탕수육		햄버거, 피자	
화장품, 옷		게임기, 컴퓨터	

연습하세요 Exercise

보기 백화점, 무엇, 사다 / 가방, 지갑

가 : 백화점에서 무엇을 사요?
나 : 가방이나 지갑을 사요.

가 : ________________?
나 : ________________.

문법 3 / 4

❶ 아침, 무엇, 먹다 / 빵, 김밥	
❷ 주말, 무엇, 하다 / 쇼핑, 산책	
❸ 주말, 어디, 공부하다 / 도서관, 제 방	
❹ 내일, 누구, 만나다 / 크리스, 애니	
❺ ?	

A/V-거나 A/V

주말에 친구를 만나거나 쉬어요.
쉬는 시간에 커피를 마시거나 화장실에 가요.
음식이 맵거나 짜면 물을 마셔요.

받침 ○ + 거나	신문을 읽다, 영화를 보다 ··· 신문을 읽거나 영화를 봐요.
받침 × + 거나	운동하다, 산책하다 ··· 운동하거나 산책해요.

쓰세요 Writing

요리하다, 청소하다	요리하거나 청소해요
공부하다, 친구를 만나다	

쇼핑하다, 맥주를 마시다	
책을 읽다, 그림을 그리다	
노래를 부르다, 음악을 듣다	
힘들다, 피곤하다	
날씨가 흐리다, 비가 오다	

연습하세요 Exercise

보기 주말 / 요리하다, 청소하다 가 : 주말에 뭐 해요? 나 : 요리하거나 청소해요.	가 : ______? 나 : ______.

❶ 쉬는 시간 / 문자메시지를 보내다, 화장실에 가다	
❷ 저녁 / 텔레비전을 보다, 인터넷을 하다	
❸ 주말 / 만화책을 읽다, 늦잠을 자다	
❹ 방학 / 고향에 가다, 여행을 하다	
❺ ?	

말하기 ❷ Speaking

마 리 오 : 스테파니 씨,
아침에 보통 뭐 먹어요?

스테파니 : 빵이나 김밥을 먹어요.

마 리 오 : 주말에 보통 뭐 해요?

스테파니 : 영화를 보거나 쇼핑해요.

마 리 오 : 방학을 하면 뭐 할 거예요?

스테파니 : 고향에 가서 친구를 만나거나
여행을 갈 거예요.

이름	아침	주말	방학
스테파니	빵 / 김밥	영화를 보다 / 쇼핑하다	고향에 가서 친구를 만나다 / 여행을 가다

본문

토　　린 : 스테파니 씨, 방학을 하면 뭐 할 거예요?

스테파니 : 한국에서 여행을 하거나
고향에 갈 거예요.

토　　린 : 한국에서 여행을 하면 어디에 갈 거예요?

스테파니 : 부산이나 제주도에 갈 거예요.

토　　린 : 스테파니 씨는 여행을 좋아해요?

스테파니 : 네, 아주 좋아해요. 토린 씨는 뭐 좋아해요?

토　　린 : 저는 음악을 좋아해요.

스테파니 : 어떤 음악을 좋아해요?

토　　린 : 저는 조용한 음악을 좋아해요.

말하기 ③ 본문과 같이 친구와 이야기해 보세요.

가 :

나 :

가 :

나 :

가 :

나 :

가 :

나 :

가 :

DVD LISTENING
Track 12

듣기 Listening

❶ 잘 듣고 ○, ×로 쓰세요.

(1) 스테파니 씨는 짠 음식을 좋아해요. (　　)

(2) 스테파니 씨는 단 음식을 좋아해요. (　　)

(3) 스테파니 씨는 매운 음식을 싫어해요. (　　)

❷ 스테파니 씨는 뭐 해요? 질문에 답하세요.

(1) 주말에 뭐 해요?

(2) 친구들을 만나면 뭐 해요?

(3) 백화점에서 어떤 물건을 사요?

(4) 집에 혼자 있으면 뭐 해요?

❸ 여러분은 어떤 음식을 좋아하고 어떤 음식을 싫어해요?

❹ 여러분은 주말에 보통 뭐 해요?

읽기 Reading

제 친구를 소개합니다.
이 사람은 리에 씨예요. 일본 사람이에요.
리에 씨는 키가 작지만
아주 귀여운 사람이에요.
리에 씨는 재미있는 영화를 좋아하고
슬픈 영화를 싫어해요.
리에 씨는 아침에 보통 빵이나
김밥을 먹어요.
주말에는 집에서 쉬거나 쇼핑해요.
리에 씨는 정말 친절하고 착한 친구예요.

▶ 여러분의 친구들은 어떤 사람이에요?

쓰기 Writing

제 친구를 소개합니다.

| Chapter |

12

냉면 두 그릇 주세요.

■ **학습목표 :** 식당에서 음식 주문하기
■ **어　　휘 :** 음식, 음료, 장소
■ **문　　법 :** V-(으)ㄹ까요? / V-(으)ㅂ시다 / N(으)로 / N 잔, N 그릇, N 인분 / N요 / 다 V

리 우 팅 : 마리오 씨, 뭘 먹을까요?
마 리 오 : 냉면을 먹읍시다.
리 우 팅 : 좋아요. 아주머니, 주문요.
아주머니 : 네, 뭘 드릴까요?
리 우 팅 : 여기 냉면 두 그릇 주세요.

어휘와 표현

명사

음식

갈비탕

꿀타래

설렁탕

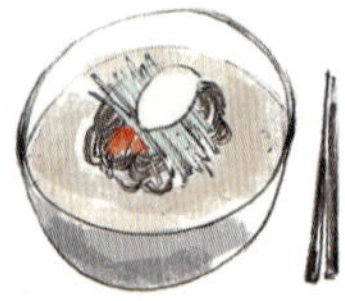
냉면

닭갈비

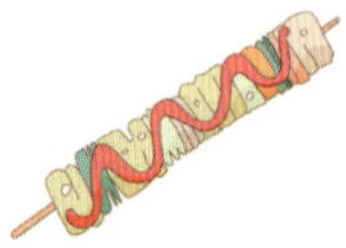
닭꼬치

순대

순두부

스파게티

어묵

잔치국수

짬뽕

칼국수

튀김

음료

카페모카

카페라테

핫초코

홍차

팥빙수

딸기 빙수

사과 주스

홍시 주스

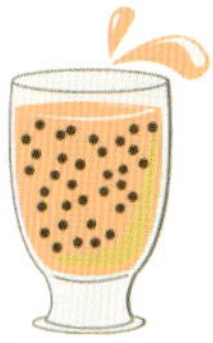

버블티

장소

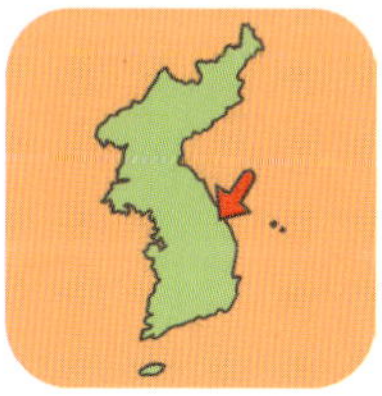

강릉

대학로

정동진

해운대

하늘

산

어휘와 표현

기타

메뉴판

부채

샴푸

선불

셀프

주문

옛날

장소/곳

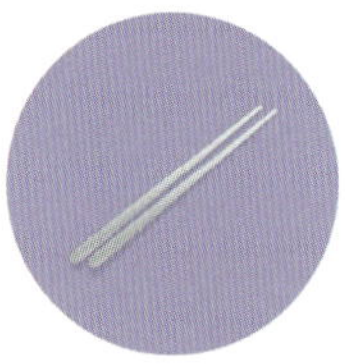
젓가락

숟가락

포크

필통

배

비행기

붓

물건/것

칠판

길

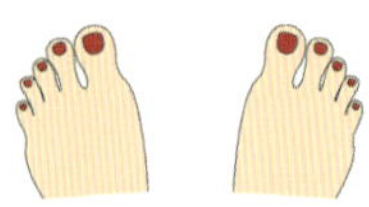
발

Chapter
12

동사

드리다

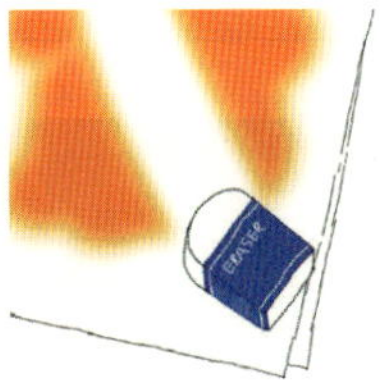
지우다

놀다

형용사

유명하다

편하다

표현

그러면/그럼　　너무　　빨리

걸어가다　　머리를 감다　　타고 가다

잠시만 기다리세요

문법 1

V-(으)ㄹ까요?

오늘 오후에 같이 공원에 갈까요?
쉬는 시간에 같이 커피를 마실까요?
우리 점심에 뭘 먹을까요?

받침 ○ + 을까요?	읽다 ···› 읽을까요?
받침 × + ㄹ까요?	공부하다 ···› 공부할까요?
받침 ㄷ ···› ㄹ + 을까요?	걷다 ···› 걸을까요?
받침 ㄹ ···› × + ㄹ까요?	만들다 ···› 만들까요?
받침 ㅂ ···› 우 + ㄹ까요?	줍다 ···› 주울까요?

쓰세요 Writing

먹다	먹을까요?	드리다	
입다		살다	
만나다		만들다	
보다		줍다	
듣다		돕다	

문법 2

V-(으)ㅂ시다

주말에 도서관에서 같이 공부합시다.
주말에 같이 바다에 갑시다.
내일 저녁에 같이 냉면을 먹읍시다.

받침 ○ + 읍시다	읽다 ···› 읽읍시다
받침 × + ㅂ시다	보다 ···› 봅시다
받침 ㄷ ···› ㄹ + 읍시다	듣다 ···› 들읍시다
받침 ㄹ ···› × + ㅂ시다	만들다 ···› 만듭시다
받침 ㅂ ···› 우 + ㅂ시다	돕다 ···› 도웁시다

쓰세요 Writing

먹다	먹읍시다	걷다	
찍다		놀다	
가다		만들다	
만나다		줍다	
듣다		돕다	

문법 2 / 3

연습하세요 Exercise

보기	
어디, 가다 / 인사동 가 : 어디에 갈까요? 나 : 인사동에 갑시다.	가 : ______________? 나 : ______________.

❶ 언제, 가다 / 이번 주말	
❷ 누구, 같이 가다 / 우리 반 친구들	
❸ 무엇, 사다 / 부채	
❹ 무엇, 먹다 / 닭꼬치	
❺ ?	

N(으)로

명동**으로** 갈 거예요.
포크**로** 먹었어요.
지하철**로** 갈까요?

받침 ○ + 으로	숟가락 ···› 숟가락**으로**
받침 × + 로	비행기 ···› 비행기**로**
받침 ㄹ + 로	발 ···› 발**로**

쓰세요 Writing

젓가락	젓가락으로	대학로	
샴푸		하늘	
연필		산	
버스		바다	
비행기		하늘	

연습하세요 Exercise

보기 영화를 보다 / 컴퓨터

가 : 영화를 무엇으로 봐요?
나 : 컴퓨터로 봐요.

가 : ________________?
나 : ________________.

❶ 그림을 그리다 / 붓	
❷ 칠판을 지우다 / 지우개	
❸ 스파게티를 먹다 / 포크	
❹ 머리를 감다 / 샴푸	
❺ ?	

말하기 1 Speaking

가 : 리에 씨, 토요일에 시간이 있어요?
나 : 네, 시간이 있어요. 왜요?
가 : 그럼 우리 같이 명동에 갈까요?
나 : 네, 좋아요. 갑시다.
가 : 버스로 갈까요?
나 : 아니요, 지하철로 갑시다.
가 : 좋아요. 무엇을 먹을까요?
나 : 칼국수를 먹읍시다.
가 : 쇼핑도 할까요?
나 : 좋아요. 쇼핑도 합시다.
가 : 몇 시에 만날까요?
나 : 학교 앞 버스 정류장에서 11시에 만납시다.

친구 이름	1)	2)
어디에 가요?		
무엇으로 가요?		
무엇을 먹어요?		
무엇을 해요?		
어디에서 몇 시에 만나요?		
?		

문법 4

N 잔, N 그릇, N 인분

	1	2	3	4	5		?
N 잔	한 잔	두 잔	세 잔	네 잔	다섯 잔	……	몇 잔
N 그릇	한 그릇	두 그릇	세 그릇	네 그릇	다섯 그릇	……	몇 그릇
N 인분	일 인분	이 인분	삼 인분	사 인분	오 인분	……	몇 인분

N 잔	카페모카, 카페라테, 사과 주스, 버블티, 홍차 ……
N 그릇	냉면, 갈비탕, 설렁탕, 짬뽕 ……
N 인분	닭갈비, 떡볶이, 순대, 튀김 ……

연습하세요 Exercise

보기 홍차 / 1

가 : 뭘 드릴까요?
나 : 홍차 한 잔 주세요.

가 : ______________ ?
나 : ______________ .

❶ 냉면 / 3

❷ 닭갈비 / 4

❸ 버블티 / 2

❹ 설렁탕 / 5

문법 5 / 6

N요

여기요, 물 좀 주세요.

가 : 이거 얼마예요?
나 : 2천 원요.

가 : 뭐 먹었어요?
나 : 떡볶이요.

쓰세요 Writing

가방	가방요	5천 원	
화장실		라면	
커피		저기	

연습하세요 Exercise

보기

뭘, 드리다 / 카페모카, 1잔

가 : 뭘 드릴까요?
나 : 카페모카 한 잔요.

가 : ____________________?
나 : ____________________.

❶ 저 지갑, 얼마 / 12만 원

❷ 어제, 무엇, 배우다 / 태권도

❸ 여기, 어디 / 대학로	
❹ 지금, 몇 시 / 3시	
❺ ?	

다 V

아침에 빵을 다 먹었어요.
어제 그 책을 다 읽었어요.
숙제를 다 했어요.

연습하세요 Exercise

보기

홍차를 마시다

가 : 홍차를 다 마셨어요?
나 : 네, 다 마셨어요.

가 : ______________?
나 : ______________.

❶ 시험 공부를 하다	
❷ 청소를 하다	
❸ 영화를 보다	
❹ 비빔밥을 만들다	
❺ ?	

말하기 ❷ Speaking

마 리 오 : 스테파니 씨,
우리 뭐 먹을까요?

스테파니 : 떡볶이하고 순대를 먹읍시다.

마 리 오 : 좋아요. 여기요.

아주머니 : 네, 손님. 뭘 드릴까요?

마 리 오 : 여기, 떡볶이 1인분하고 순대 1인분 주세요.

아주머니 : 떡볶이 1인분하고 순대 1인분요?
잠시만 기다리세요.

☆ ★ 분식

떡 볶 이	₩2,500
순 대	₩3,000
튀 김	₩2,500
김 밥	₩2,000
음 료 수	₩1,000

본문

〈버스 안에서〉

크리스 : 리우팅 씨, 다 왔어요.

리우팅 : 그래요? 여기가 어디예요?

크리스 : 강릉이에요. 빨리 내립시다.

리우팅 : 크리스 씨,
우리 점심을 먹을까요?

크리스 : 네, 좋아요.

〈식당에서〉

크 리 스 : 아주머니, 이 식당은 뭐가 유명해요?

아주머니 : 우리 식당은 순두부가 유명해요.

크 리 스 : 리우팅 씨, 우리 순두부를 먹을까요?

리 우 팅 : 좋아요. 순두부를 먹읍시다.

크 리 스 : 아주머니, 여기 순두부 두 그릇 주세요.

아주머니 : 네, 우리 식당은 선불이에요.

리 우 팅 : 그래요? 모두 얼마예요?

아주머니 : 순두부 두 그릇에 14,000원이에요.
그리고 물은 셀프입니다.

크 리 스 : 네, 빨리 주세요.

말하기 ③ Speaking

본문과 같이 친구와 이야기해 보세요.

DVD LISTENING

Track 13

듣기 Listening

❶ 이 사람들은 무엇을 해요? ○, ×로 쓰세요.

(1) 이 사람들은 오늘 오후에 만날 거예요. (　　)

(2) 이 사람들은 인사동에 지하철로 갈 거예요. (　　)

(3) 이 사람들은 인사동에시 칼국수를 먹을 기예요. (　　)

❷ 질문에 답하세요.

(1) 인사동은 무엇이 유명해요?

(2) 인사동에서 무엇을 할 거예요?

(3) 명동은 어디에 있어요?

❸ 여러분은 인사동에 가면 무엇을 살 거예요?

❹ 여러분은 오늘 오후에 어디에 갈 거예요?

읽기 Reading

저는 주말에 인사동에 갔어요. 서울역에서 지하철로 갔어요.

인사동에는 맛있는 음식도 많고 재미있는 것도 많았어요.

길에서 꿀타래를 샀어요. 아주 맛있었어요.

점심에는 명동에 갔어요. 명동은 칼국수가 유명해요.

저는 칼국수를 한 그릇 먹었어요. 정말 맛있었어요.

여러분, 시간이 있으면 다음에 같이 갈까요?

쓰기 Writing

여러분은 주말에 어디에 갔어요?

memo*

| Chapter |

13

예쁜 여자 친구하고 결혼하고 싶어요.

■ **학습목표 :** 희망 표현하기, 추측 표현하기

■ **어　　휘 :** 장소, 미래의 계획

■ **문　　법 :** V-고 싶다 / V-고 싶어하다 / A/V-(으)ㄹ까요? / N일까요? / A/V-(으)ㄹ 거예요 / N일 거예요

스테파니 : 크리스 씨, 졸업하면 뭐 하고 싶어요?

크 리 스 : 저는 졸업하면 예쁜 여자 친구하고 결혼하고 싶어요.

스테파니 : 음~! 예쁜 여자가 크리스 씨를 좋아할까요?

크 리 스 : 글쎄요, 아마 좋아할 거예요.
제가 여자들에게 인기가 많아요.

어휘와 표현

명사

장소

꽃집

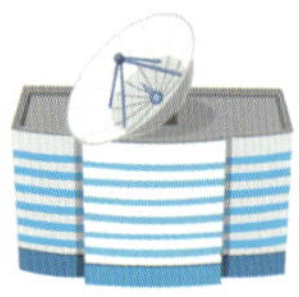
방송국

분식집

서점

피자집

프라하

뉴질랜드

가족

딸

아들

아빠

엄마

기타

공포 영화

노래

멤버

모습

인생

사인회

피아노

재산

부자

드라마

그룹

원피스

동사

돌아가다

생활하다

졸업하다

취직하다

어울리다

표현

먼저	우아	때
다시	아마	열심히
잘	글쎄요	돈을 벌다
모르겠어요	사인을 받다	아빠가 되다
인기가 있다	콘서트에 가다	10대
20대	30대	40대
50대	음	

문법 1

V-고 싶다

저는 닭갈비를 먹고 싶어요.
리에 씨, 뭐 하고 싶어요?
저는 한국 드라마를 보고 싶어요.

받침 ○ + 고 싶다	침대에 눕다 ···› 침대에 눕고 싶다
받침 × + 고 싶다	친구를 만나다 ···› 친구를 만나고 싶다

V-고 싶어하다

리에 씨는 한국 드라마를 보고 싶어해요.
크리스 씨는 뉴질랜드에 가고 싶어해요.
애니 씨는 결혼하고 싶어해요.

받침 ○ + 고 싶어하다	의자에 앉다 ···› 의자에 앉고 싶어하다
받침 × + 고 싶어하다	프라하에 가다 ···› 프라하에 가고 싶어하다

쓰세요 Writing

피아노를 배우다	저는 피아노를 배우고 싶어요	○○ 씨는 피아노를 배우고 싶어해요
삼계탕을 먹다		
번지점프를 하다		

잠수함을 타다		
조개를 줍다		
공원에서 산책하다		
맥주를 마시다		
프랑스에 가다		

연습하세요 Exercise

보기 지금 / 카푸치노를 마시다

가 : 스테파니 씨, 지금 뭐 하고 싶어요?
나 : 저는 카푸치노를 마시고 싶어요.
⋯› 스테파니 씨는 카푸치노를 마시고 싶어해요.

가 : ________________?
나 : ________________.
⋯› ________________.

❶ 주말 / 여행을 가다	
❷ 저녁 / 영화를 보다	
❸ 내년 / 취직하다	
❹ 내일 / 쇼핑하다	
❺ ?	

말하기 ❶ Speaking

리 우 팅 : 스테파니 씨,
오늘 뭐 하고 싶어요?

스테파니 : 저는 오늘 콘서트에
가고 싶어요.

리 우 팅 : 졸업을 하면 뭐 하고 싶어요?

스테파니 : 저는 졸업을 하면
방송국에 취직하고 싶어요.

이 름	오 늘	졸업하면
스테파니	콘서트에 가다	방송국에 취직하다

문법 2

A/V-(으)ㄹ까요? / N일까요?

내일 비가 올까요?
비빔밥이 매울까요?
그 사람이 학생일까요?

받침 ○ + 을까요?	읽다 ··· 읽을까요?
받침 × + ㄹ까요?	공부하다 ··· 공부할까요?
받침 ㄷ ··· ㄹ + 을까요?	듣다 ··· 들을까요?
받침 ㄹ ··· × + ㄹ까요?	멀다 ··· 멀까요?
받침 ㅂ ··· 우 + ㄹ까요?	어렵다 ··· 어려울까요?

받침 ○ + 일까요?	학생 ··· 학생일까요?
받침 × + 일까요?	노래 ··· 노래일까요?

쓰세요 Writing

먹다	먹을까요?	걷다	
놓다		알다	
사다		살다	
자다		돕다	
어울리다		줍다	

문법 2

작다		길다	
밝다		멀다	
춥다		시끄럽다	
싸다		맵다	

학생		야구	
선생님		음악 감상	

연습하세요 Exercise

보기 내일 / 비가 오다

가 : 내일 비가 올까요?
나 : 글쎄요, 잘 모르겠어요.

가 : ________________?
나 : ________________.

❶ 오늘 오후 / 바람이 불다	
❷ 내일 / 춥다	
❸ 이번 주말 / 바쁘다	
❹ 저 사람 / 선생님	
❺ ?	

문법 3

A/V-(으)ㄹ 거예요 / N일 거예요

내일 크리스 씨도 피자를 먹을까요?
글쎄요, 아마 먹을 거예요.

비빔밥이 매울까요?
글쎄요, 아마 매울 거예요.

그 사람이 학생일까요?
글쎄요, 아마 학생이 아닐 거예요.

받침 ○ + 을 거예요	먹다 ··· 먹을 거예요
받침 × + ㄹ 거예요	따뜻하다 ··· 따뜻할 거예요
받침 ㄷ ··· ㄹ + 을 거예요	걷다 ··· 걸을 거예요
받침 ㄹ ··· × + ㄹ 거예요	살다 ··· 살 거예요
받침 ㅂ ··· 우 + ㄹ거예요	춥다 ··· 추울 거예요

받침 ○ + 일 거예요	교실이다 ··· 교실일 거예요
받침 × + 일 거예요	커피이다 ··· 커피일 거예요

쓰세요 Writing

읽다	읽을 거예요	아빠가 되다	아빠가 될 거예요
먹다		놀다	

문법 3

가다		알다	
운동하다		만들다	
걷다		줍다	
많다		복잡하다	
맛있다		멀다	
바쁘다		덥다	
예쁘다		춥다	
일본 사람		친구	
부자		요리사	

연습하세요 ① Exercise

보기 마리오 / 명동에서 쇼핑하다

가 : 마리오 씨가 지금 뭐 할까요?
나 : 글쎄요, 아마 명동에서 쇼핑할 거예요.

가 : ____________?
나 : ____________.

❶ 스테파니 / 인사동에서 친구를 만나다	
❷ 크리스 / 피자집에서 피자를 먹다	

❸ 리에 / 기숙사에서 자다	
❹ 리우팅 / 도서관에서 공부하다	
❺ ?	

연습하세요 ❷ Exercise

보기	
기숙사, 깨끗하다 가 : 기숙사가 깨끗할까요? 나 : 글쎄요, 아마 깨끗할 거예요.	가 : ________________? 나 : ________________.

❶ 인사동, 복잡하다	
❷ 김치찌개, 맛있다	
❸ 박 선생님, 바쁘다	
❹ 저 사람, 요리사	
❺ ?	

말하기 ❷ Speaking

크 리 스 : 스테파니 씨는 20대에 뭐 하고 싶어요?

스테파니 : 음~ 글쎄요. 먼저 20대에는 열심히 공부하고 30대에는 결혼하고 40대에는 여행을 많이 하고 싶어요.

크 리 스 : 우아! 그럼 50대하고 60대에는 뭐 하고 싶어요?

스테파니 : 50대, 60대에는 가족들과 즐거운 생활을 하고 싶어요. 크리스 씨는요?

크 리 스 : 저도 20대에는 열심히 공부하고 30대에는 고향에 돌아가서 취직하고 예쁜 여자 친구하고 결혼도 하고 좋은 아빠가 되고 싶어요.

스테파니 : 우리 공부가 끝나고 고향에 돌아가면 10년 후에 다시 만나요.

크 리 스 : 하하, 그때 만나면 정말 재미있을 거예요.

친구 이름	1)	2)
20대		
30대		
40대		
50대		
60대		
70대		

본문

〈리에와 마리오의 전화 통화〉

마리오 : 리에 씨, 우리 이번 주말에 뭐 할까요?

리 에 : 저는 이번 주말에 콘서트에 가고 싶어요.

마리오 : 아, 그래요? 누구 콘서트에 가고 싶어요?
요즘 인기 있는 콘서트가 뭐예요?

리 에 : 요즘 DK 그룹이 인기가 있어요.
DK 멤버들이 아주 멋있어요.

마리오 : 아, 그럼 애니 씨도 같이 갈까요?
애니 씨가 DK 콘서트에 가고 싶어했어요.

리 에 : 좋아요. 그럼 다 같이 DK 콘서트에 갑시다.

마리오 : 이번 콘서트에서 사인회도 할까요?

리 에 : 글쎄요, 아마 안 할 거예요.

말하기 ③ 본문과 같이 친구와 이야기해 보세요.

가 :

나 :

가 :

나 :

가 :

나 :

가 :

나 :

DVD LISTENING
Track 14

듣기 Listening

❶ 잘 듣고 ○, ×로 쓰세요.

(1) 지난 주말에 친구들과 영화관에 갔어요. (　　)

(2) 친구들은 모두 쇼핑을 하고 싶어해요. (　　)

(3) 친구들과 불고기를 먹을 거예요. (　　)

❷ 친구들은 무엇을 하고 싶어해요?

친구 이름	무엇을 하고 싶어해요?
리에	
스테파니	
토린	
크리스	

❸ 몇 층에 있어요? 쓰세요.

(　　　)

(3층)

(　　　)

(　　　)

(　　　)

읽기 Reading

〈나의 인생 계획〉

오늘은 여러분들에게 저의 인생 계획을 이야기하고 싶어요.

20대에는 열심히 공부하고 친구를 많이 사귀고 싶어요.

20대 친구는 내 인생의 재산이 될 거예요.

30대에는 착한 남자하고 결혼을 하고 돈도 많이 벌고 싶어요.

그리고 40대에는 열심히 일하고 여행도 많이 하고 싶어요.

아들과 딸에게도 좋은 엄마가 될 거예요.

50대와 60대에는 가족들과 편안하고 즐거운 생활을 하고 싶어요.

친구들은 어때요? 우리 60대 할머니, 할아버지가 되면 다시 만날까요?

우리들은 모두 어떤 모습으로 살까요?

하하하, 그때 만나면 정말 재미있을 거예요.

쓰기 Writing

여러분은 앞으로 어떻게 살고 싶어요? 〈나의 인생 계획〉을 쓰세요.

| Chapter |

14

커피를 마시면서 책을 읽고 있어요.

- **학습목표** : 진행 표현하기, 명령과 금지 표현하기
- **어　　휘** : 장소, 일상 생활 동사
- **문　　법** : V-(으)면서 / V-고 있다 / V-(으)세요 / V-지 마세요 / A/V-(으)니까 / N(이)니까

스테파니 : 크리스 씨, 지금 뭐 해요?

크 리 스 : 저는 지금 커피를 마시면서 책을 읽고 있어요.

스테파니 : 아, 그래요?

크 리 스 : 왜요?

스테파니 : 지금 백화점에서 세일하니까 같이 쇼핑을 갈까요?

크 리 스 : 좋아요. 같이 갑시다.

어휘와 표현

명사

영화, 음악

코미디 영화

락 음악

발라드 음악

장소

박물관

해변

공항

기타

감기

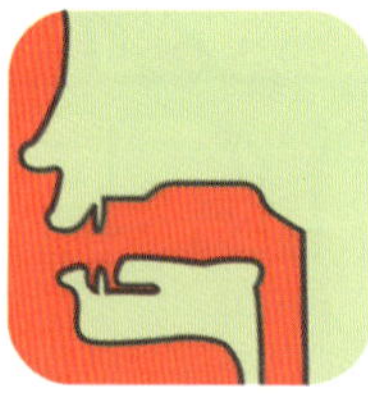
발음

연습

영화제

잡지

표

관객

생각

상영

팝콘

규칙

연휴

끝

남자

사전

오른손

모자

창밖

사진

동사

찾다

믿다

시작되다

부르다

쓰다

씹다

졸다

차다

닫다

떠들다

들다

들어가다

형용사

다르다

문법 1

표현

그런데	그냥	흑
아직	곧	말씀
시상식장	앞좌석	뒷좌석
모자를 쓰다	전원을 켜다	전원을 끄다
눈을 감다	껌을 씹다	담배를 피우다

V-(으)면서

커피를 마시면서 텔레비전을 봐요.
잡지를 읽으면서 친구를 기다려요.
음악을 들으면서 게임을 해요.

받침 ○ + 으면서	먹다 ···› 먹으면서
받침 × + 면서	가다 ···› 가면서
받침 ㄷ ···› ㄹ + 으면서	듣다 ···› 들으면서
받침 ㄹ + 면서	만들다 ···› 만들면서
받침 ㅂ ···› 우 + 면서	눕다 ···› 누우면서

쓰세요 Writing

보다	보면서	먹다	
마시다		읽다	
청소하다		입다	
걷다		씹다	
들다		팔다	

연습하세요 Exercise

보기 우유를 마시다, 컴퓨터를 하다

가 : 스테파니 씨, 뭐 해요?
나 : 우유를 마시면서 컴퓨터를 해요.

가 : .... ?
나 : ....

❶ 껌을 씹다, 청소하다	
❷ 노래를 부르다, 춤을 추다	
❸ 커피를 마시다, 책을 읽다	
❹ 사전을 찾다, 공부하다	
❺ ?	

문법 2

V-고 있다

친구와 함께 밥을 먹고 있어요.
지금 버스로 공항에 가고 있어요.
그 사람과 전화를 하고 있어요.

받침 ○ + 고 있다	찾다 ···› 찾고 있다
받침 × + 고 있다	자다 ···› 자고 있다

쓰세요 Writing

오다	오고 있어요	청소하다	
보다		읽다	
마시다		듣다	
게임하다		팔다	

연습하세요 1 Exercise

보기 커피를 마시다

가 : 지금 뭐 하고 있어요?
나 : 커피를 마시고 있어요.

가 : ______________________________?
나 : ______________________________.

❶ 이야기하다	
❷ 산책하다	
❸ 머리를 감다	
❹ 피아노를 치다	
❺ ?	

연습하세요 ❷ Exercise

보기

숙제하다

가 : 스테파니 씨, 숙제 다 했어요?
나 : 아니요, 아직 하고 있어요.

가 : ______________________?
나 : ______________________.

❶ 편지를 쓰다	
❷ 책을 읽다	
❸ 김치를 만들다	
❹ 수박주스를 마시다	
❺ ?	

말하기 ① Speaking

가 : 스테파니 씨,
지금 뭐 하고 있어요?

나 : 음악을 들으면서
잡지를 읽고 있어요.

	이 름	뭐 하고 있어요?
1	스테파니	음악을 듣다, 잡지를 읽다
2		
3		
4		
5		
6		
7		

문법 3

V-(으)세요 / V-지 마세요

교실에서 휴대폰을 끄세요.
저 의자에 앉으세요.
박물관에서 사진을 찍지 마세요.
여기에서 담배를 피우지 마세요.

받침 ○ + 으세요	읽다 ···› 읽으세요
받침 × + 세요	가다 ···› 가세요
받침 ㄷ ···› ㄹ + 으세요	걷다 ···› 걸으세요
받침 ㄹ ···› × + 세요	팔다 ···› 파세요
받침 ㅂ ···› 우 + 세요	줍다 ···› 주우세요

받침 ○ + 지 마세요	먹다 ···› 먹지 마세요
받침 × + 지 마세요	가다 ···› 가지 마세요

쓰세요 Writing

보다	보세요	보지 마세요
타다		
읽다		
찍다		

문법 3

듣다		
믿다		
만들다		
눕다		
♥ 마시다	드세요	
♥ 먹다	드세요	
♥ 자다	주무세요	

연습하세요 Exercise

보기 화장실에 가다 / 수업시간 (×)

가 : 화장실에 가고 싶어요.
나 : 수업시간이에요. 가지 마세요.

가 : ....

나 : ....

❶ 떠들다 / 박물관 (×)	
❷ 음악을 듣다 / 쉬는 시간 (○)	
❸ 아이스크림을 먹다 / 감기 (×)	
❹ 집에 가다 / 수업 끝 (○)	

문법 4

A/V-(으)니까 / N(이)니까

공포 영화는 무서우니까 코미디 영화를 봅시다.
오늘은 수업이 없으니까 여행을 갑시다.
추우니까 문을 닫으세요.
방학이니까 여행을 갈까요?

받침 ○ + 으니까	좋다 ··· 좋으니까
받침 × + 니까	예쁘다 ··· 예쁘니까
받침 ㄷ ··· ㄹ + 으니까	걷다 ··· 걸으니까
받침 ㄹ ··· × + 니까	멀다 ··· 머니까
받침 ㅂ ··· 우 + 니까	맵다 ··· 매우니까

받침 ○ + 이니까	학생 ··· 학생이니까
받침 × + 니까	아파트 ··· 아파트니까

쓰세요 Writing

가다	가니까	듣다	
먹다		부르다	
읽다		만들다	

문법 4

바쁘다		크다	
작다		싫다	
귀엽다		빠르다	

외국인		친구	
선생님		단독주택	
남자		병원	

연습하세요 Exercise

보기 음식을 먹다 / 비빔밥(맵다), 불고기

가 : 무슨 음식을 먹을까요?
나 : 비빔밥은 매우니까 불고기를 먹읍시다.

가 : ________________?
나 : ________________.

❶ 가방을 사다 / 이 가방(크다), 저 가방	
❷ 음악을 듣다 / 락 음악(시끄럽다), 발라드 음악	
❸ 신발을 사다 / 구두(불편하다), 운동화	
❹ 커피를 마시다 / 아메리카노(쓰다), 카푸치노	
❺ ?	

말하기 2 Speaking

선 생 님 : 모두 일어나세요.

크 리 스 : 스테파니 씨,
오른손을 위로 드세요.
다른 사람은 들지 마세요.

스테파니 : 리에 씨, 의자에 앉으세요.
다른 사람은 앉지 마세요.

리　　에 : 마리오 씨, 눈을 감으세요.
다른 사람은 눈을 감지 마세요.

마 리 오 : 크리스 씨, 교실 뒤로 가세요.
다른 사람은 가지 마세요.

	친구 이름	무엇을 말했어요?
1	크리스	스테파니　오른손을 드세요
2		
3		
4		
5		
6		
7		
8		
9		
10		

본문

토　　린 : 스테파니 씨, 이번 연휴에 뭐 할 거예요?

스테파니 : 아직 잘 몰라요. 토린 씨는 뭐 할 거예요?

토　　린 : 저는 금요일에 부산에 갈 거예요.

스테파니 : 부산에는 왜요?

토　　린 : 지금 부산에서 국제영화제를 해요.

스테파니 : 아! 저도 부산국제영화제에 가고 싶어요.

토　　린 : 그럼 같이 갑시다.

스테파니 : 좋아요. 해변을 걸으면서 예쁜 곳에서 사진을 찍고 싶어요.

토　　린 : 그리고 영화도 많이 봅시다.

스테파니 : 하하. 좋아요. 그런데 우리 영화제에 가면 영화배우들도 만나요?

토　　린 : 글쎄요. 아마 시상식장에 올 거예요.

스테파니 : 그럼 우리도 시상식장에 갑시다.

토　　린 : 우리는 표가 없어요.

스테파니 : 그래요? 그냥 들어갑시다. 영화배우들을 만나고 싶어요.

토　　린 : 그런 생각은 하지 마세요. 표가 없으면 안 돼요.

스테파니 : 흑, 너무 만나고 싶어요.

말하기 ③ 본문과 같이 친구와 이야기해 보세요.

가 :

나 :

가 :

나 :

가 :

나 :

가 :

나 :

가 :

나 :

가 :

나 :

가 :

나 :

DVD LISTENING

Track 15

듣기 1 Listening

❶ 잘 듣고 ○, ×로 쓰세요.

(1) 친구들은 모두 이야기하고 있어요. (　　)

(2) 친구들은 모두 친절합니다. (　　)

❷ 친구들은 지금 무엇을 하고 있어요?

(1) 스테파니 :

(2) 마 리 오 :

(3) 리 우 팅 :

(4) 토　 린 :

(5) 크 리 스 :

DVD LISTENING

듣기 2 Listening

Track 16

❶ 크리스 씨는 친구들과 영화관에서 영화를 볼 거예요.
ㅇ, ×로 쓰세요.

(1) 팝콘을 먹습니다. (　　)

(2) 친구와 이야기합니다. (　　)

(3) 휴대폰을 끕니다. (　　)

(4) 앞좌석을 발로 찹니다. (　　)

(5) 사진을 찍습니다. (　　)

❷ 여러분은 한국영화를 좋아해요? 어땠어요?

읽기 Reading

선 생 님 : 여러분, 오늘은 우리 반 규칙을 만들까요?
우리 반에는 중국 사람, 베트남 사람, 태국 사람, 페루 사람이 있어요.
어느 나라 말로 하면 좋을까요?

크 리 스 : 한국어로 말하면 좋아요.

선 생 님 : 그래요. 교실에서 한국어로 말하세요.

리 우 팅 : 사전은 괜찮아요?

선 생 님 : 사전은 쉬는 시간에 보세요. 또 뭐가 있을까요?

스테파니 : 껌을 씹지 마세요.

리 에 : 그래요. 껌을 씹으면서 말하면 발음도 안 좋아요.

토 린 : 그리고 교실에서 모자를 쓰지 마세요.

선 생 님 : 수업 시간에 졸거나 자지 마세요.

학 생 들 : 네, 알겠습니다.

	친구 이름	무엇을 말했어요?
1	크리스	수업 시간에 빵을 먹지 마세요
2		
3		
4		
5		
6		

쓰기 Writing

여러분은 기숙사에서 어떤 규칙을 만들고 싶어요?

memo*

| Chapter |

15

토린 씨, 운전할 수 있어요?

- **학습목표 :** 능력 표현하기, 이유 말하기
- **어　　휘 :** 음식, 능력을 나타내는 동사
- **문　　법 :** V-(으)ㄹ 수 있다/없다 / 못 V / 'ㅡ'불규칙 / '르'불규칙 / N(으)로 / A/V-아/어서 / N(이)라서

스테파니 : 토린 씨, 운전할 수 있어요?

토　　린 : 네, 할 수 있어요. 스테파니 씨는요?

스테파니 : 저는 무서워서 못 해요.

어휘와 표현

명사

음식

간식

김치

당근

두유

떡

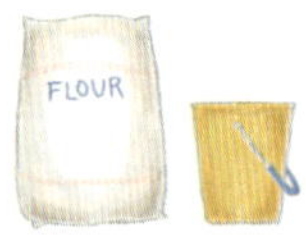

밀가루

배추

번데기

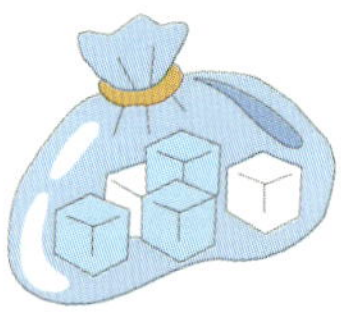
얼음

치즈

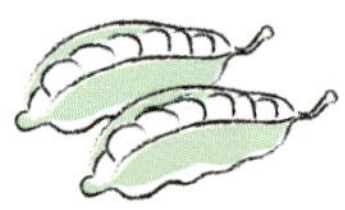
콩

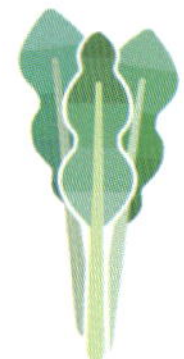
시금치

팥

오이

술

쌀

장소

고등학교

계곡

폭포

우주

절

브라질

경주

기타

나뭇잎

자전거

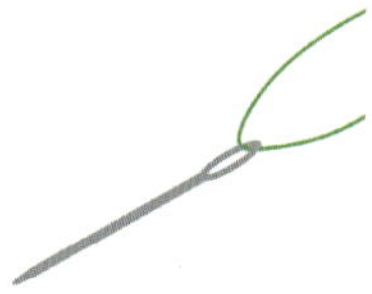
바늘

실

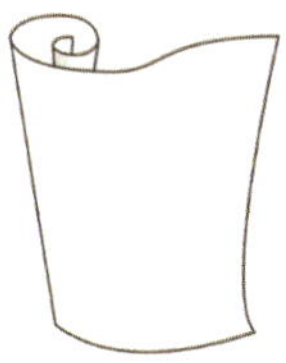
종이

색종이

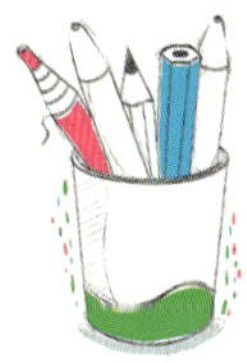
연필꽂이

장학금

스키

수상스키

바나나보트

축제

K-POP

공연

근처

편지

어휘와 표현

동사

뛰어가다

열다

구경하다

가르다

누르다

운전하다

파티하다

형용사

다르다　아프다　기쁘다

이르다　모르다　배고프다

배부르다

표현

다음　꼭　처음

하지만　휴가철　국제시장

개교기념일　삼바 축제　포르투갈 어

우유 팩　운전면허증　나무젓가락

피아노를 치다　테니스를 치다　모래찜질을 하다

문법 1

V-(으)ㄹ 수 있다 / 없다

저는 피아노를 칠 수 있어요.
매운 음식을 먹을 수 있어요.
운전을 할 수 없어요.

받침 ○ + 을 수 있다 / 없다	먹다 ··· 먹을 수 있다 / 없다
받침 × + ㄹ 수 있다 / 없다	가다 ··· 갈 수 있다 / 없다
받침 ㄷ ··· ㄹ + 을 수 있다 / 없다	듣다 ··· 들을 수 있다 / 없다
받침 ㄹ ··· × + ㄹ 수 있다 / 없다	만들다 ··· 만들 수 있다 / 없다
받침 ㅂ ··· 우 + ㄹ 수 있다 / 없다	돕다 ··· 도울 수 있다 / 없다

쓰세요 Writing

우주에 가다	우주에 갈 수 있어요	우주에 갈 수 없어요
번데기를 먹다		
포르투갈 어를 읽다		
혼자 살다		
스키를 타다		
춤을 추다		

문법 1 / 2

피아노를 치다		
운전하다		

연습하세요 Exercise

보기 피아노, 치다 (○/×)

가 : 피아노를 칠 수 있어요?
나 : 네. 칠 수 있어요. / 아니요. 칠 수 없어요.

가 : ....?
나 : ....
아니요 ....

❶ 한국 신문, 읽다 (○)	
❷ 자전거, 타다 (○)	
❸ 김치, 만들다 (×)	
❹ K-POP 춤, 추다 (×)	
❺ ?	

못 V

잠을 못 자요.
오이를 못 먹어요.
청소를 못 해요.

Chapter
15

쓰세요 Writing

문을 열다	문을 못 열어요	스키를 타다	
영화를 보다		침대에 눕다	
눈을 감다		♥요리하다	

연습하세요 Exercise

보기 점심을 먹다

가 : 점심을 먹었어요?
나 : 아니요, 못 먹었어요.

가 : ____________________?
나 : ____________________.

❶ 음악을 듣다	
❷ 경주에 가다	
❸ 그 옷을 사다	
❹ 박물관에 취직하다	
❺ ?	

문법 3

'ㅡ' 불규칙

머리가 너무 아파요.
그 영화가 슬펐어요.
친구에게 편지를 써서 보냈어요.

☆ ㅡ 다 + 아/어……

☆ ⋯ ㅏ, ㅗ ○ + ㅏ……	바쁘다 + 아요 ⋯ 바빠요
☆ ⋯ ㅏ, ㅗ × + ㅓ……	예쁘다 + 어요 ⋯ 예뻐요
☆ ⋯ × + ㅓ……	크다 + 어요 ⋯ 커요

	-고	-지만	-(으)면	-아/어요	-아/어서	-았/었어요
바쁘다	바쁘고	바쁘지만	바쁘면	바빠요	바빠서	바빴어요
아프다						
나쁘다						
예쁘다						
슬프다						
기쁘다						
크다						
쓰다						

문법 4

Chapter 15

'르' 불규칙

스테파니 씨는 말이 너무 빨라요.
번호를 눌러서 여세요.
친구의 이름을 몰랐어요.

☆ 르 다 + 아/어……

☆ ···› ㅏ, ㅗ ◯ + ㄹ라…… 빠르다 + 아요 ···› 빨라요

☆ ···› ㅏ, ㅗ × + ㄹ러…… 누르다 + 어요 ···› 눌러요

	-고	-지만	-(으)면	-아/어요	-아/어서	-았/었어요
빠르다	빠르고	빠르지만	빠르면	빨라요	빨라서	빨랐어요
다르다						
가르다						
모르다						
누르다						
배부르다						
이르다						
부르다						

말하기 ❶ Speaking

크 리 스 : 스테파니 씨,
김치를 만들 수 있어요?

스테파니 : 네, 저는 김치를 만들 수 있어요.

크 리 스 : 와~ 정말요?
저는 김치를 못 만들어요.
그럼 스테파니 씨,
운전할 수 있어요?

스테파니 : 아니요, 운전 못 해요.
하지만 자전거를 탈 수 있어요.

크 리 스 : 저도 자전거를 탈 수 있어요.
우리 이번 주말에
같이 자전거를 탑시다.

	1) 스테파니	2)	3)
김치를 만들다	○		
번지점프를 하다			
운전하다	×		
자전거를 타다	○		
?			
?			

문법 5

Chapter 15

N(으)로

쌀로 떡을 만들 수 있어요.
나무로 나무젓가락을 만들어요.
이 음식은 사과와 포도로 만들었어요.

받침 ○ + 으로	얼음 ··· 얼음으로
받침 × + 로	배추 ··· 배추로
받침 ㄹ + 로	불 ··· 불로

쓰세요 Writing

당근	당근으로	물	
시금치		얼음	
콩		나뭇잎	
색종이		밀가루	
실		배추	

문법 5

연습하세요 Exercise

보기	
빵/밀가루, 당근 가 : 빵은 무엇으로 만들었어요? 나 : 밀가루와 당근으로 만들었어요.	가 : ____________ ? 나 : ____________ .

❶ 피자 / 밀가루, 치즈	
❷ 이 음식 / 삼겹살, 두부	
❸ 연필꽂이 / 우유 팩, 색종이	
❹ 팥빙수 / 팥, 얼음	
❺ ?	

Chapter 15

문법 6

A/V-아/어서 / N(이)라서

술을 많이 마셔서 머리가 아파요.
책을 많이 읽어서 눈이 아파요.
주말이라서 공원에 사람들이 많아요.

ㅏ, ㅗ ○ + 아서	가다 ···› 가서
ㅏ, ㅗ × + 어서	읽다 ···› 읽어서
하다 + 여서 ···› 해서	따뜻하다 ···› 따뜻해서
ㅣ + 어서 ···› ㅕ서	그리다 ···› 그려서
받침 ㄷ ···› ㄹ + 어서	걷다 ···› 걸어서
받침 ㅂ ···› 우 +어서 → 워서	덥다 ···› 더워서

받침 ○ + 이라서	학생 ···› 학생이라서
받침 × + 라서	아파트 ···› 아파트라서

쓰세요 Writing

오다	와서	듣다	
샤워하다		부르다	
읽다		만들다	

문법 6

예쁘다		크다	
작다		많다	
귀엽다		모르다	

외국인		친구	
학생		아파트	
부자		병원	

연습하세요 Exercise

보기 뛰어가다 / 수업에 늦다

가 : 왜 뛰어가요?
나 : 수업에 늦어서 뛰어가요.

가 : ______________________?
나 : ______________________.

❶ 밥을 안 먹다 / 간식을 많이 먹다	
❷ 옷을 입다 / 춥다	
❸ 학교에 안 가다 / 개교기념일	
❹ 파티하다 / 친구의 생일	
❺ ?	

말하기 ❷ Speaking

스테파니 : 이번 방학에 어디에 갈까요?
마 리 오 : 해운대에 갑시다.
스테파니 : 해운대요?
해운대에서 무엇을 할 수 있어요?
마 리 오 : 바다라서 수영을 할 수 있어요.
그리고 모래찜질도 할 수 있어요.
스테파니 : 그래요?
수상스키도 탈 수 있어요?
마 리 오 : 요즘은 휴가철이라서
수상스키는 탈 수 없을 거예요.
스테파니 : 그럼 무엇을 할 수 있어요?
마 리 오 : 근처에 국제시장이 있어서
재미있는 물건을 구경할 수 있어요.
스테파니 : 우아! 빨리 가고 싶어요.

친구 이름	어디에 가고 싶어요?	무엇을 할 수 있어요?
마리오	해운대	1) 수영을 할 수 있어요 2) 모래찜질을 할 수 있어요 3) 국제시장을 구경할 수 있어요
		1) 2) 3)
		1) 2) 3)
		1) 2) 3)

TIP 팀으로 나누어서 가고 싶은 곳과 할 수 있는 일을 이야기 하세요.

본문

스테파니 : 토린 씨, 음식박물관이 어떤 곳이에요?

토 린 : 음식박물관은 한국 음식을 볼 수 있는 곳이에요.
그리고 쌀로 떡을 만들 수 있고 김치도 만들 수 있어요.

스테파니 : 아, 그래요?
우리나라에는 떡이 없어서 못 봤어요.

토 린 : 그럼 이번 주말에 음식박물관에 같이 갈까요?

스테파니 : 저도 가고 싶지만 이번 주말에는 못 가요.
미안해요.

토 린 : 왜요?

스테파니 : 이번 주말에 고향에서 친구가 와서
친구와 함께 콘서트에 갈 거예요.

토 린 : 그럼 다음 주말에 같이 갈까요?

스테파니 : 네, 좋아요. 다음 주말에 꼭 같이 갑시다.

말하기 ③ 본문과 같이 친구와 이야기해 보세요.

가 :

나 :

가 :

나 :

가 :

나 :

가 :

나 :

가 :

DVD LISTENING

Track 17

듣기 Listening

❶ 잘 듣고 ○, ×로 쓰세요.

(1) 두 사람은 한국에서 처음 만났어요. (　　)

(2) 스테파니는 요리를 잘 해요. (　　)

(3) 스테파니는 그림을 잘 그려요. (　　)

(4) 크리스는 피아노를 잘 쳐요. (　　)

❷ 스테파니와 크리스는 무엇을 할 수 있어요? 그리고 여러분은 무엇을 할 수 있어요? ○, ×로 쓰세요.

친구 이름	스테파니	크리스	여러분
한국어			
운전			
요리			
피아노			
그림			

읽기 Reading

여러분은 지금까지 여행을 많이 했어요?
저는 여행을 아주 좋아해서 시간이 있으면 여행을 가요.
여행을 가면 많은 사람도 만날 수 있고 맛있는 음식도 먹을 수 있어서 좋아요.
작년에는 독일과 브라질에 갔어요. 독일에서는 맥주 축제를 했어요.
독일은 맥주가 유명해서 맥주 축제에 사람들이 많이 왔어요.
이 축제는 술도 마시고 노래도 부르고 춤도 출 수 있어요.
그런데 저는 배가 아파서 술을 못 마셨어요.
브라질에서는 삼바 축제를 했어요. 삼바 축제도 유명해서 사람들이 많았어요.
사람들은 아주 예쁜 옷을 입고 노래를 부르면서 춤을 췄어요. 아주 큰 공연도 했어요.
그 공연을 같이 하고 싶었지만 연습을 안 해서 같이 할 수 없었어요.
그리고 사람들이 포르투갈 어로 노래를 했어요.
저는 포르투갈 어를 할 수 없어서 못 했어요.
포르투갈 어를 공부해서 브라질에 다시 가고 싶어요.

❶ 이 사람은 왜 여행을 좋아해요?

❷ 어디에 여행을 갔어요?

❸ 독일에서는 무슨 축제를 했어요?

❹ 브라질에서는 무슨 축제를 했어요?

쓰기 Writing

여러분 나라의 축제를 소개해 봅시다.

우리 나라에는

| Chapter |

16

한국 생활에 익숙해졌어요.

■ **학습목표 :** 비교 말하기, 변화 말하기

■ **어　　휘 :** 장소, 음식, 변화를 나타내는 형용사

■ **문　　법 :** N 중에서 / N보다 / A/V-네요! / V-는 N / A-아/어지다

크 리 스 : 스테파니 씨, 한국과 호주는 뭐가 달라요?

스테파니 : 한국은 호주보다 복잡하지만 사람들이 친절해요.

크 리 스 : 한국 생활이 어때요?

스테파니 : 이제 많이 익숙해졌어요.

어휘와 표현

명사

장소

방콕

남대문시장

푸켓

파타야

하와이

칸쿤

몰디브

관광지

음식

팍치

팟타이

똠얌꿍

새우

돼지고기

감자튀김

기타

바지 다이어트 액션 영화

Chapter 16

언어	값	교통
자동차		

동사

오르다	다녀오다	생기다

형용사

괜찮다	멋있다	오래되다
익숙하다	비슷하다	부럽다
아름답다	친하다	

표현

아까	제일	이제
자주	새	흰머리
그래서	그렇군요!	더
벌써	오랜만이에요	한번
내 / 나의		

문법 1

N 중에서

사과하고 바나나 중에서 뭐가 더 맛있어요?
마리오 씨하고 크리스 씨 중에서 누가 더 커요?
한국의 관광지 중에서 어디에 가고 싶어요?
커피 중에서 카푸치노를 제일 좋아해요.

받침 ○ + 중에서	바다 / 산 ···› 바다와 산 중에서
받침 × + 중에서	커피 ···› 커피 중에서

쓰세요 Writing

빨간 가방 / 파란 가방	빨간 가방과 파란 가방 중에서	과일	과일 중에서
비행기 / 배		운동	
경주 / 부산		친구	
크리스 / 리우팅		음식	

연습하세요 Exercise

보기 포도, 수박 / 무엇, 좋아하다

가 : 포도하고 수박 중에서 무엇을 더 좋아해요?
나 : 포도를 더 좋아해요.

가 : ______________________?
나 : ______________________.

문법 2

❶ 농구, 축구 / 무엇, 좋아하다	
❷ 소주, 맥주 / 무엇, 싫어하다	
❸ 강남, 홍대 / 어디, 좋아하다	
❹ 아빠, 엄마 / 누구, 좋아하다	
❺ ?	

N보다

마리오 씨가 크리스 씨보다 더 커요.
하와이보다 몰디브가 더 아름다워요.
저는 포도보다 수박을 더 좋아해요.

받침 ○ + 보다	산 ···› 산보다
받침 × + 보다	커피 ···› 커피보다

쓰세요 Writing

구두	구두보다	백화점	
비행기		공원	

문법 2

칸쿤		작년	

연습하세요 Exercise

보기 한국, 호주/복잡하다

가 : 한국과 호주 중에서 어디가 더 복잡해요?
나 : 한국이 호주보다 더 복잡해요.

가 : ______________?
나 : ______________.

❶ 비빔밥, 불고기 / 맛있다	
❷ 지하철, 버스 / 빠르다	
❸ 치마, 바지 / 예쁘다	
❹ 액션 영화, 무서운 영화 / 재미있다	
❺ ?	

문법 3

Chapter 16

A/V-네요!

작은 가방이 큰 가방보다 예쁘네요!
삼겹살이 정말 맛있네요!
벌써 밥을 다 먹었네요!

받침 ○ + 네요	듣다 ···› 듣네요
받침 × + 네요	보다 ···› 보네요
받침 ㄹ ···› × + 네요	만들다 ···› 만드네요

ㅏ, ㅗ ○ + 았네요	가다 ···› 갔네요
ㅏ, ㅗ × + 었네요	먹다 ···› 먹었네요
하다 + 였네요 ···› 했네요	날씬하다 ···› 날씬했네요
ㅣ + 었네요 ···› ㅕ네요	그리다 ···› 그렸네요
받침 ㄷ ···› ㄹ + 었네요	걷다 ···› 걸었네요
받침 ㅂ ···› 우 + 었네요 ···› 웠네요	춥다 ···› 추웠네요

쓰세요 Writing

가다	가네요!	갔네요!
먹다		

문법 3

읽다		
만들다		

비싸다		
적다		
귀엽다		
예쁘다		

연습하세요 Exercise

보기 동생, 키가 크다

가 : 우아! 동생이 키가 크네요!
나 : 네, 아주 커요.

가 : ....!
나 : ....

❶ 날씨, 덥다	
❷ 사람, 많다	
❸ 기숙사, 가깝다	
❹ 불고기, 맛있다	
❺ ?	

말하기 ❶ Speaking

크 리 스 : 스테파니 씨, 한국과 호주는 뭐가 달라요?

스테파니 : 서울의 교통이 호주보다 더 복잡해요.

크 리 스 : 음식은 어때요?

스테파니 : 한국 음식이 호주 음식보다 더 매워요.

크 리 스 : 날씨는 어때요?

스테파니 : 한국은 지금 겨울이지만 호주는 여름이에요. 호주가 한국보다 더 따뜻해요.

▶ 한국과 여러분의 나라는 뭐가 달라요?

	1) 스테파니	2)	3)
나라	호주		
교통	서울이 더 복잡하다		
음식	한국 음식이 더 맵다		
날씨	호주가 더 따뜻하다		
사람			
집			
술			
언어			
?			

문법 4

V-는 N

저기에서 책을 읽는 사람이 내 친구예요.
이번 주말에 가는 곳은 제주도예요.
리에 씨가 만드는 음식은 아주 맛있어요.

받침 ○ + 는	먹다 ···› 먹는
받침 × + 는	보다 ···› 보는
받침 ㄹ ···› × + 는	만들다 ···› 만드는

쓰세요 Writing

자다 / 사람	자는 사람	먹다 / 음식	
마시다 / 커피		팔다 / 물건	
눕다 / 사람		살다 / 곳	
읽다 / 책		모르다 / 것	

연습하세요 ① Exercise

보기 저기에서 책을 읽다 / 리에

가 : 저기에서 책을 읽는 사람이 누구예요?
나 : 저기에서 책을 읽는 사람은 리에 씨예요

가 : ________________?
나 : ________________.

❶ 기숙사에서 자다 / 토린	
❷ 백화점에서 쇼핑하다 / 리우팅	
❸ 친구가 만들다 / 떡볶이	
❹ 마리오가 먹다 / 감자튀김	
❺ ?	

연습하세요 ❷ Exercise

보기 크리스, 읽다, 책 / 어렵다

가 : 크리스 씨가 읽는 책이 어때요?
나 : 크리스 씨가 읽는 책은 어려워요.

가 : ______________?
나 : ______________.

❶ 리에, 살다, 집 / 넓고 깨끗하다	
❷ 리우팅, 먹다, 음식 / 맵다	
❸ 스테파니, 만들다, 케이크 / 예쁘고 맛있다	
❹ 애니, 보다, 영화 / 슬프다	
❺ ?	

문법 5

A-아/어지다

어머니는 작년보다 흰머리가 많아졌어요.
내 동생은 작년보다 날씬해졌어요.
오늘이 어제보다 추워졌어요.

ㅏ, ㅗ ○ + 아지다	많다 ⋯→ 많아지다
ㅏ, ㅗ × + 어지다	멋있다 ⋯→ 멋있어지다
하다 + 여지다 ⋯→ 해지다	피곤하다 ⋯→ 피곤해지다
받침 ㅂ ⋯→ 우 + 어지다	덥다 ⋯→ 더워지다

쓰세요 Writing

작다	작아지다	맵다	
많다		흐리다	
멀다		따뜻하다	
싸다		멋있다	
바쁘다		없다	
예쁘다		♥ 있다	생기다

연습하세요 Exercise

보기 물건 값, 비싸다 (작년) 가 : 물건 값이 비싸네요! 나 : 네, 작년보다 비싸졌어요.	가 : ________? 나 : ________.
❶ 날씨, 시원하다 (어제)	
❷ 남자 친구, 멋있다 (작년)	
❸ 일, 많다 (지난주)	
❹ 키, 크다 (3년 전)	
❺ ?	

말하기 ❷ Speaking

마리오 : 저는 방학에 고향에 다녀왔어요.

리 에 : 우아~ 부러워요.

마리오 : 그런데 물건 값이 작년보다 비싸졌어요.

리 에 : 아, 그래요?

마리오 : 그리고 자동차도 많아지고, 새 건물도 많이 생겼어요.

리 에 : 그렇군요!

친구 이름	어디에 갔어요?	뭐가 달라졌어요?
마리오	고향	1) 물건 값이 비싸졌어요 2) 자동차가 많아졌어요 3) 건물이 많이 생겼어요
		1) 2) 3)
		1) 2) 3)
		1) 2) 3)

본문

리 우 팅 : 스테파니 씨, 방학을 하면 뭐 할 거예요?

스테파니 : 저는 방학을 하면 태국에 갈 거예요.

리 우 팅 : 우아~! 부럽네요! 태국에 가면 뭐 할 거예요?

스테파니 : 태국에 가서 좋아하는 음식도 먹고 친구들도 만날 거예요.

리 우 팅 : 스테파니 씨, 태국에 친구가 있어요?

스테파니 : 네, 방콕에 사는 친구가 있어요. 우리는 프랑스에서 만나서 친해졌어요.

리 우 팅 : 스테파니 씨가 좋아하는 태국 음식이 뭐예요?

스테파니 : 팟타이예요. 아주 맛있어서 좋아해요.

리 우 팅 : 태국 음식이 어때요?

스테파니 : 태국 음식이 한국 음식보다 맵지만 맛있어요.

리 우 팅 : 그래요?

스테파니 : 처음에는 팍치를 못 먹었지만 자주 먹으니까 맛있어졌어요.

본문

말하기 ③ 본문과 같이 친구와 이야기해 보세요.

가 :

나 :

가 :

나 :

가 :

나 :

가 :

나 :

가 :

나 :

가 :

나 :

DVD LISTENING

Track 18

듣기 Listening

❶ 잘 듣고 ○, ×로 쓰세요.

(1) 두 사람은 1년 전에 만났어요. ( )

(2) 스테피니 씨는 작년보다 에뻐졌어요. ( )

(3) 리에 씨는 날씬해졌어요. ( )

(4) 크리스 씨는 키가 커졌어요. ( )

❷ 다음 질문에 알맞은 답을 쓰세요.

(1) 크리스 씨는 왜 기분이 좋아졌어요?

(2) 리우팅 씨는 무엇을 해서 키가 커졌어요?

(3) 리에 씨는 무엇을 해서 날씬해졌어요?

읽기 Reading

여러분, 안녕하세요? 제 이름은 수파킷입니다. 태국 사람입니다.
저는 여러분에게 태국을 소개하고 싶습니다.
태국은 한국보다 날씨가 덥습니다.
제 고향은 방콕입니다. 방콕은 서울과 비슷합니다.
서울은 차가 많고 사람이 많습니다.
방콕도 차가 많고 사람도 많아서 복잡합니다.
태국은 맛있는 음식도 많습니다. 저는 태국 음식 중에서 똠얌꿍을 아주 좋아합니다.
똠얌꿍은 맵지만 맛있어서 좋아합니다.
똠얌꿍은 한국의 김치찌개와 비슷하지만 새우나 돼지고기가 있습니다.
그리고 한국은 제주도나 부산에 가면 예쁜 바다를 볼 수 있습니다.
태국도 푸켓이나 파타야에 가면 예쁜 바다를 볼 수 있습니다.
저는 한국에 와서 정말 즐겁고 재미있는 시간을 보내고 있습니다.
여러분도 태국에 한번 오세요. 태국은 재미있고 즐거운 나라입니다.

❶ 수파킷 씨의 고향은 어디예요?

❷ 수파킷 씨가 좋아하는 음식은 뭐예요?

❸ 태국은 어디에 가면 예쁜 바다를 볼 수 있어요?

❹ 한국과 태국은 무엇이 같고, 무엇이 달라요?

같은 것	다른 것

❺ 한국과 여러분의 나라는 무엇이 같고, 무엇이 달라요?

쓰기 Writing

여러분의 고향을 소개해 봅시다.

듣기 대본

Chapter 09

우리 오빠는 중학교 선생님이에요. 27살이에요. 아침에 일어나서 밥을 먹고 학교에 가요. 학교에 가서 학생들을 가르쳐요. 학생들은 모두 15살이에요. 4시에 수업이 끝나요. 오빠의 취미는 수영이에요.
수영장에 가서 수영을 하고 6시에 집에 와서 요리해요. 요리해서 가족들과 같이 먹어요. 정말 맛있어요. 그리고 소파에 앉아서 텔레비전을 봐요.

Chapter 10

리 에 : 마리오 씨, 방학을 하면 뭐 할 거예요?
마리오 : 저는 방학을 하면 여행을 갈 거예요.
리 에 : 누구하고 갈 거예요?
마리오 : 크리스 씨하고 갈 거예요. 크리스 씨와 같이 여행을 가면 아주 재미있어요. 그리고 맛있는 음식을 먹을 거예요.
리 에 : 아~~!
마리오 : 리에 씨는 방학을 하면 뭐 할 거예요?
리 에 : 저는 방학을 하면 한국 요리를 배울 거예요. 내년에 고향에 가면 불고기를 만들 거예요. 그 불고기를 부모님과 함께 먹을 거예요.
마리오 : 우아~! 좋아요.

Chapter 11

마 리 오 : 스테파니 씨는 어떤 음식을 좋아해요?
스테파니 : 저는 달고 맛있는 음식을 좋아해요.
마 리 오 : 그럼 어떤 음식을 싫어해요?
스테파니 : 저는 매운 김치찌개를 싫어해요.
마 리 오 : 주말에는 보통 뭐 해요?
스테파니 : 주말에는 친구들을 만나거나 집에서 쉬어요.
마 리 오 : 친구들을 만나면 뭐 해요?
스테파니 : 친구들과 영화를 보거나 쇼핑해요.
마 리 오 : 어디에서 쇼핑해요?
스테파니 : 백화점에서 쇼핑해요.
마 리 오 : 백화점에서 어떤 물건을 사요?
스테파니 : 옷이나 가방을 사요.
마 리 오 : 집에 혼자 있으면 보통 뭐 해요?
스테파니 : 부모님에게 전화하거나 이메일을 보내요.

듣기 대본

Chapter 12

크 리 스 : 우리 오늘 오후에 인사동에 갈까요?
스테파니 : 네, 좋아요. 뭘 타고 갈까요?
크 리 스 : 버스로 갑시다. 버스가 편해요.
스테파니 : 인사동은 뭐가 유명해요?
크 리 스 : 맛있는 음식도 많고 한국 옛날 물건들도 많아요.
스테파니 : 인사동에서 뭐 할 거예요?
크 리 스 : 필통이나 부채를 살 거예요.
스테파니 : 거기에서 뭘 먹을까요?
크 리 스 : 인사동 옆에 명동이 있어요. 명동에 가서 칼국수를 먹읍시다.
스테파니 : 좋아요.

Chapter 13

여러분은 주말에 뭐 해요? 저는 이번 주말에 친구들과 함께 백화점에 갈 거예요.
백화점에는 영화관이 있어요. 서점도 있고 커피숍도 있어요.
친구들은 하고 싶은 것이 달라요. 리에 씨는 원피스를 사고 싶어해요.
원피스는 3층에 있어요. 크리스 씨는 영화를 보고 싶어해요.
크리스 씨는 공포 영화를 아주 좋아해요. 영화관은 4층에 있어요.
토린 씨는 서점에 가고 싶어해요. 한국어 책을 살 거예요. 서점은 5층에 있어요.
스테파니 씨는 커피를 마시고 싶어해요. 스테파니 씨는 카푸치노를 좋아해요.
커피숍과 식당은 6층에 있어요. 저는 맛있는 한국 음식을 먹고 싶어요.
한국에 와서 불고기를 처음 먹었어요. 너무 맛있었어요.
친구들도 불고기를 좋아해요. 우리는 모두 불고기를 먹을 거예요.

Chapter 14

1. 이 사진은 우리 반 친구들이에요. 우리 반 친구들은 모두 친절하고 착해요.
토린 씨는 신문을 보면서 음악을 듣고 있어요.
스테파니 씨와 리에 씨는 이야기를 하면서 커피를 마시고 있어요.
마리오 씨는 창밖을 보면서 책을 읽고 있어요.
크리스 씨는 휴대폰을 보면서 과자를 먹고 있어요.
애니 씨는 리우팅 씨와 빵을 먹으면서 이야기를 하고 있어요.
저는 우리 반 친구들을 아주 좋아해요.
여러분도 우리 반 친구들을 만나면 정말 재미있을 거예요.

2. 관객 여러분 안녕하세요?
지금 곧 영화가 시작됩니다.
영화 상영 시간에는 휴대폰의 전원을 끄세요.
사진을 찍지 마세요.
앞 사람의 기분이 나쁘니까 앞좌석을 발로 차지 마세요.
시끄러우니까 떠들지 마세요.
그럼 즐거운 시간 보내세요.

Chapter 15

여러분 안녕하세요? 저는 크리스예요.
이 사람은 제 친구 스테파니예요.
저와 스테파니는 한국에 와서 처음 만났어요.
저는 한국어를 잘 못 했어요. 제 친구 스테파니는 한국어를 아주 잘 했어요.
저는 운전을 못 하지만 스테파니는 운전도 할 수 있어요.
그리고 스테파니는 요리도 할 수 있어요.
주말에 보통 스테파니의 집에서 요리해서 같이 먹어요. 아주 맛있어요.
스테파니는 당근으로 빵도 만들 수 있어요.
저는 요리는 못 하지만 피아노를 칠 수 있고 그림도 잘 그려요.
우리는 다르지만 아주 친한 친구예요.

Chapter 16

크 리 스 : 스테파니 씨, 오랜만이에요.
스테파니 : 우아~ 크리스 씨, 정말 오랜만이에요. 잘 지냈어요?
크 리 스 : 네. 잘 지냈어요. 친한 친구들을 만나니까 기분이 좋네요!
스테파니 : 맞아요. 저도 그래요.
크 리 스 : 그런데 스테파니 씨는 작년보다 예뻐졌어요.
스테파니 : 그래요? 고마워요.
크 리 스 : 아까 리에 씨를 만났어요. 리에 씨는 정말 날씬해졌어요.
스테파니 : 하하. 리에 씨는 저와 같이 다이어트를 해서 날씬해졌어요.
크 리 스 : 그렇군요. 리우팅 씨는 작년보다 키가 커졌어요.
스테파니 : 네, 운동을 많이 해서 키가 커졌어요.
크 리 스 : 저도 키가 커지고 싶어요.
스테파니 : 크리스 씨는 친절하고 재미있는 사람이라서 여자들이 좋아할 거예요.
크 리 스 : 하하. 고마워요.

찾아보기 ㄱ, ㄴ

찾아보기 ㄴ, ㄷ, ㄹ, ㅁ, ㅂ

찾아보기

ㅂ, ㅅ

ㅅ

찾아보기 ㅅ, ㅇ

찾아보기 ㅈ, ㅊ, ㅋ, ㅌ

찾아보기 ㅍ, ㅎ, 기타

ㅎ

기타

지은이 소개*

| 감 수 |

한 정 한

단국대학교 국어국문학과 부교수, 뉴욕주립대학(버팔로) 언어학 박사
〈저서〉 쉽게 읽는 한국어학의 이해, 국어사전학 개론 외 다수

| 필 자 |

유 소 영

단국대학교 국제교육센터(DUGEC) 초빙교수, 단국대학교 한국어교육 박사
〈저서〉 안녕하세요 한국어 1, 2, 3권(4개국어 판), 한국어로 말해요(11개국어 판) 외 다수

이 연 주

DUGEC 초빙교수, 단국대학교 한국어교육 박사

유 선 주

DUGEC 강사, 단국대학교 한국어교육 박사과정 수료

고 유 리

DUGEC 초빙교수, 단국대학교 한국어교육 박사과정 수료

서 민 정

DUGEC 강사, 단국대학교 한국어교육 박사과정 수료

memo*

memo*